影响居民消费的房产财富效应研究

杨耀武　著

中国经济出版社
CHINA ECONOMIC PUBLISHING HOUSE
北　京

图书在版编目（CIP）数据

影响居民消费的房产财富效应研究／杨耀武著．
—北京：中国经济出版社，2019.10
ISBN 978－7－5136－5916－1
Ⅰ.①影… Ⅱ.①杨… Ⅲ.①房地产经济—研究—中国 Ⅳ.①F299.233
中国版本图书馆 CIP 数据核字（2019）第 209301 号

责任编辑　严　莉
责任印制　巢新强
封面设计　任燕飞

出版发行　中国经济出版社
印 刷 者　北京九州迅驰传媒文化有限公司
经 销 者　各地新华书店
开　　本　710mm×1000mm　1/16
印　　张　11.25
字　　数　151 千字
版　　次　2019 年 10 月第 1 版
印　　次　2019 年 10 月第 1 次
定　　价　68.00 元
广告经营许可证　京西工商广字第 8179 号

中国经济出版社　**网址** www.economyph.com　**社址** 北京市东城区安定门外大街 58 号　**邮编** 100011
本版图书如存在印装质量问题，请与本社销售中心联系调换（联系电话：010－57512564）

序

随着经济的持续快速增长，中国经济结构和所面临的外部环境已经发生了深刻变化。当前，投资和出口对中国经济增长的拉动作用明显减弱，消费的基础性作用进一步增强，已经成为保持经济平稳运行的“压舱石”。消费是生产的最终目的，也是人民对美好生活需要的直接体现。消费带来的福利增进，不仅给人民带来满满的获得感，也给中国经济带来了强劲的牵引力。

从居民的消费决策来看，消费不仅受制于当期和预期的收入水平，也受居民所持资产价值的影响。近年来，中国居民财富快速增长，居民存款余额超过70万亿元，特别是1998年全面实行住房货币化改革后，居民住房自有率逐步提升，随着房价持续走高，房产价值大幅增加，在家庭总资产中的份额已近七成，大大高于发达国家和一些新兴经济体。这些家庭财富的形成一方面是居民储蓄和资产价格上涨的结果，另一方面也会反过来影响家庭未来的消费和储蓄行为。

21世纪初，欧美等多个国家股票市场泡沫破灭，导致家庭金融资产严重缩水，一度引发政府和经济学界人士的担忧，担心人们会因金融资产的损失而大幅削减消费，从而拖累经济增长，但这种现象并未发生。正当很多学者开始争论股市下跌为什么没有抑制居民消费的时候，美联储原主席艾伦·格林斯潘给出了自己的解释。他认为消费没有大幅缩减是因为房价上涨了，房价急剧上涨所带来的财富效应非常强劲，足以抵消股市下跌对人们消费的影响还有余。国际金融危机爆发后，欧美房价大幅下挫和家庭消费支出减少，虽然不能说格林斯潘的话又一次得到了印证，但至少没有提供相反的例证。格林斯潘的论断启发了很多学者，关于居民资产对消费的影响效应成为学者们研究的热点。

目前，国内外对家庭所持资产对居民消费影响的实证研究较多，内容主要集中在以下三个方面：一是房产财富或金融财富对居民消费的影响效应大小；二是比较不同类型财富对居民消费影响的相对强弱；三是进行不同国家或同一国家不同时期家庭财富对消费影响效应的对比分析。研究结论显示，房产和金融财富对消费的影响效应往往不同；不同国家或同一国家不同时期，家庭财富对居民消费的影响效应也会存在显著差异。实际上，居民对房产的偏好程度、房价涨幅、购房按揭贷款比例、遗产动机和金融市场自由化程度等因素都会影响房产财富效应以及房产与金融资产财富效应的相对强弱。单纯的计量分析方法难以准确估计资产价值变化和政策调整对消费的影响效应。因此，有必要建立一个基于微观主体优化决策的关于消费、投资（包括房产投资和金融投资）和政策调整效应的理论模型，从而分析消费和投资等经济决策如何对资产价格变化和相应的政策调整做出反应。

近年来，中国居民财富经历的快速增长以及房产在居民财富中的高占比，不仅有大家所熟知的一些原因，也有其深刻的时代背景。很多研究者从社会保障体系不健全等因素出发，研究中国居民高储蓄率的原因，并提出了一些相应的政策建议。这些工作无疑是十分有益的，但他们往往忽视了中国所处的时代背景。在过去几十年中，中国的人口结构和城市化进程可能走过了发达经济体近百年才能逾越的过程，且这些重大结构变迁还在继续演进之中，并将对中国未来的经济和社会发展带来持续而深远的影响。随着社会抚养比的降低，社会总的储蓄率必然要经历一个上升的过程，这既符合消费者生命周期理论，也与世界其他发达经济体所经历的过程相类似。随着人口数量的增加和家庭小型化，伴随快速的城市化进程，中国居民对房产的刚性需求和随之而来的投资性需求推升了房价的持续走高。大量年轻家庭乃至他们父辈的储蓄转换为房产并随着房价的走高而逐步累积。对于很多家庭来说，房产几乎是全部的资产。

随着时间的推移，年青一代终将老去，人口结构变迁的步伐短期内也不可能根本扭转。在退出劳动力市场后，老年居民的消费仍将持续。那么除基本的社会保障外，年老一代如何利用市场机制与年轻一代进行资源的交换将是值得研究的重要问题。有人提出了住房反向抵押贷款，即通常所说的“以房养老”，使老年居民能够在保留房屋居住权的情况下，消费一部分前期所积累的房产财富，提升他们的消费水平。那么，住房反向抵押贷款的参与率会受到哪些因素的影响，该项政策是否会推升社会总体的消费水平，这些疑问都应给予及时的研究和回答。

正是考虑到以上这些问题，我向读者们推荐杨耀武博士的这部专著。在这部专著中，杨耀武博士前所未有地通过构建世代交叠模型（Over Lapping Generation Model），对国内外实证文献中财富边际消费倾向的跨国差异性和时变性提供了基于微观个体最优决策的理论解释，并给出了当前中国居民财富边际消费倾向的实证结果；同时耀武博士利用数值模拟方法，对中国实行住房反向抵押后老年居民的参与率和社会总消费水平的变化展开了分析，发现了大量新的现象。据我管见，这方面的研究在国内还很少见。

本着对研究的浓厚兴趣，耀武博士去年底从证监会研究院来社科院经济所工作。在看到他前期的这些研究工作后，我鼓励他将研究成果进行修订并加以出版。在专著即将付梓之际，我欣然写下这篇短文，以表达我的祝贺和勉励。我相信，本书的出版，定能对理论界和实务界关于居民财富效应和“以房养老”等问题的理解和研究有所助益。

张平

2019 年 8 月

前　言

近年来，随着我国居民住房自有率的提升和房价的持续上涨，房屋资产在居民总资产中的占比逐渐提高，房产已经成为我国家庭财富的重要组成部分。居民房产价值的提升是过去一段时间财富积累和房价攀升的结果，同时房产价值的提升也会对居民未来的消费和储蓄行为产生影响，即产生资产的财富效应（Wealth Effect）。长期以来，我国居民消费率持续偏低，这种消费需求持续低迷的现状，已经成为我国经济持续健康发展的主要障碍之一。如何将大量的居民房产财富转化为促进消费增长的动力，已经引起学者们的广泛关注。

本书着眼于中国实际，采用理论建模和实证分析相结合的方法，尝试回答以下问题：房屋资产财富效应大小受哪些因素影响，这些因素如何影响房屋资产的财富效应？我国现期的房屋资产财富效应有多大？如何引入适当的机制提升房产财富对消费增长的促进作用？

本书的主要工作和研究结论如下：

首先，对影响房产财富效应的因素和机制进行理论分析。通过建立个体优化决策基础上的世代交叠模型（Over Lapping Generation Model），模型中引入了居民房产偏好、房价增长幅度、购房抵押贷款以及住房反向抵押贷款等经济和社会变量。在个体优化决策的基础上，求解出青年一代和老年一代的消费表达式，并通过不同代个体消费的加总，推导出总消费与居民收入、金融资产以及房产之间关系的解析表达式。该解析表达式的给出，可以方便研究模型中引入的经济和社会因素对房产财富效应的影响。理论研究结果表明，居民房产偏好、房价涨幅、购房按揭贷款比率以及住房反向抵押贷款等因素都会对房产财富效应产生影响。从而为大量实证研究中出现的不同国家，以及同一国家不同时期房产财富效应的差异，提供具有微观基础（Micro – Foundation）的理论解释。同时，也为建立计量模型，开展房产财富效应的实证研究提供了理论基础。

其次，利用2000—2013年的宏观季度数据，对我国房产财富效应进行了实证研究，结果表明，现阶段我国房产的长期边际消费倾向为0.264，而金融资产的长期边际消费倾向（MPC）为0.372，房产的边际消费倾向低于金融资产的边际消费倾向。利用反映我国人口和经济特征的参数值，结合理论模型的推导结果进行试算，发现实证结果和理论模型推导的结果具有一定的相合性。同时为弥补宏观数据无法将具体的家庭人口及经济特征纳入模型加以控制等方面的弱点，本书也利用中国家庭动态跟踪调查（CFPS）和欧洲中央银行发布的欧元区家庭金融和消费调查（HFCS）这类大型微观家户调查数据，对我国和欧元区国家房产财富效应进行了实证对比分析，大型微观数据的使用可以解决利用宏观数据研究中所存在的问题；而且在同一篇文章中，利用相同的研究方法和数据口径，使得我国和欧元区国家房产财富效应的比较更具可靠性，避免了不同文章因使用的研究方法和数据口径差异而造成的影响。利用微观数据实证研究的结果同样显示，我国房产的边际消费倾向低于金融资产的边际消费倾向。相比于欧元区国家，我国房产边际消费倾向低于欧元区国家的房产边际消费倾向。在控制户主年龄的情况下，实证结果发现我国居民房产边际消费倾向随着年龄的增长而降低，欧元区国家居民房产边际消费倾向随着年龄的增长而上升。在我国老龄化趋势加速的背景下，我国老年居民随年龄逐渐下降的房产边际消费倾向可能会对我国居民总体消费的增长产生不利的影响。

最后，通过构造多期生命周期模型，结合我国人口和经济特征，动态模拟了住房反向抵押贷款的引入对老年居民消费支出的影响。结果显示，并不是所有的老年居民都可以从住房反向抵押贷款中获益，相当一部分老年居民不会参与住房反向抵押贷款。若以年金方式支付住房反向抵押贷款，则参与该贷款的老年居民在退休生活的前期仍然保持较低的消费支出水平，以便积攒一定的资金用于可能的遗产馈赠；在以一次性支付方式展开模拟分析时，结果表明，居民主动遗产动机的强弱会对住房反向抵押贷款的参与率产生较大影响，主动遗产动机越强，住房反向抵押贷款的参与率越低；住房反向抵押贷款利率的上升会降低该贷款的参与率，并减小参与住房反向抵押贷款居民平均消费倾向的增长幅度；当住房偏好下降时，老年居民住房反向抵押贷款的参与率变化不大，但参与该贷款的老年居民平均消费倾向增长幅度有明显的下降；在房价预期涨幅增加时，居民住房反向抵押贷款的参与率有所降低，但选择参与该项贷款居民的平均消费倾向有较大幅度的提升；随着居民风险厌恶系数的提高，居民住房反向抵押贷款的参与度会明显提高，但参与该贷款的老年居民平均消费倾向增长幅度有所下降；在住房反向抵押贷款费率上升的情况下，老年居民住房反向抵押贷款参与率和平均消费倾向增长幅度都有所降低。

目　录

1　导论 ………………………………………………… 1
1.1　研究背景及意义 ……………………………………… 1
1.1.1　研究背景 ……………………………………… 1
1.1.2　问题的提出 …………………………………… 4
1.1.3　研究意义 ……………………………………… 5
1.2　相关概念界定 ………………………………………… 6
1.3　研究方法及结构安排 ………………………………… 9
1.3.1　本书的研究方法 ……………………………… 9
1.3.2　本书的结构安排 ……………………………… 10
1.4　本书的创新与不足 …………………………………… 12
1.4.1　本书的创新之处 ……………………………… 12
1.4.2　本书的不足及未来研究方向 ………………… 14

2　相关文献回顾 ……………………………………………… 16
2.1　居民消费决定因素分析的理论发展 ………………… 16
2.1.1　绝对收入和相对收入假说 …………………… 16
2.1.2　持久收入和生命周期假说 …………………… 18
2.1.3　对持久收入和生命周期假说的扩展 ………… 20
2.2　国内外房产财富效应的相关研究综述 ……………… 21
2.2.1　国外有关房产财富效应研究文献综述 ……… 21

2.2.2 国内有关房产财富效应研究文献综述 …… 26
2.3 住房反向抵押贷款对居民消费影响的相关文献综述 …… 30
2.3.1 相关理论研究进展 …… 30
2.3.2 相关实证研究文献 …… 31
2.4 本章小结 …… 33

3 影响房产财富效应的机制分析 …… 36
3.1 分析思路 …… 38
3.2 理论模型的设定与求解 …… 39
3.2.1 模型的设定 …… 39
3.2.2 模型求解 …… 43
3.3 社会总消费的加总 …… 45
3.4 房产财富效应大小分析 …… 47
3.4.1 房产偏好因子 γ 对房产财富效应的影响 …… 48
3.4.2 房价涨幅以及购房按揭贷款比例对房产财富效应的影响 …… 48
3.4.3 住房反向抵押贷款比例对房产财富效应的影响 …… 49
3.4.4 房价改变对房产财富效应的影响 …… 51
3.4.5 房屋贷款利率对房产财富效应的影响 …… 53
3.4.6 金融市场冲击对房产财富效应的影响 …… 54
3.5 我国房产财富效应的实证检验 …… 56
3.5.1 实证模型的设定和数据选取 …… 56
3.5.2 实证结果及分析 …… 58
3.6 本章小结 …… 62

4 基于微观数据的我国和欧元区国家房产财富效应实证研究 …… 64
4.1 研究设计 …… 65
4.1.1 样本来源 …… 65
4.1.2 模型设定 …… 66
4.1.3 数据描述 …… 68
4.2 实证结果及分析 …… 71
4.2.1 资产财富效应存在性检验 …… 71
4.2.2 房产财富效应差异性检验 …… 73
4.3 模型检验 …… 76
4.4 本章小结 …… 78

5 住房反向抵押贷款对居民消费支出的影响研究 …… 80
5.1 模型假设 …… 81
5.1.1 生命周期假设 …… 81
5.1.2 效用函数假设 …… 82
5.1.3 收入和房产市场假设 …… 83
5.1.4 金融资产以及信贷市场假设 …… 85
5.2 模型建立 …… 86
5.2.1 居民优化问题 …… 86
5.2.2 优化问题的价值函数 …… 88
5.3 参数估计 …… 88
5.3.1 家庭偏好 …… 88
5.3.2 金融资产收益 …… 90
5.3.3 住房资产收益 …… 90
5.3.4 其他参数设定 …… 91
5.4 计算方法 …… 93

5.5 数值模拟结果和分析 …… 94
5.5.1 以年金支付住房反向抵押贷款对退休居民消费的影响 …… 94
5.5.2 一次性支付住房反向抵押贷款对退休居民消费的影响 …… 99
5.6 本章小结 …… 123

6 结论与政策建议 …… 127
6.1 主要结论 …… 127
6.2 政策建议 …… 130

参考文献 …… 133
附 录 …… 148
后 记 …… 160

图表目录

图 1－1　我国改革开放以来居民消费率的变动情况 ………………… 2
图 1－2　我国城镇不同年龄段家庭房产占家庭总资产的情况 ……… 4
图 3－1　我国城镇居民人均消费、可支配收入 ……………………… 57
图 3－2　我国城镇居民人均金融资产和房屋资产的持有情况 ……… 58
图 4－1　CFPS 和 HFCS 居民家庭房产持有与非耐用品消费散点…… 70
图 5－1　我国住宅商品房平均销售价格 ……………………………… 91
图 5－2　参加住房反向抵押贷款的家庭的消费选择路径 …………… 96
图 5－3　参加反向抵押贷款居民的消费选择路径 …………………… 99
图 5－4　参与反向抵押贷款的居民消费路径 ……………………… 101

表 3－1　主要变量的 ADF 检验结果 ………………………………… 58
表 3－2　Johansen 协整检验结果 …………………………………… 59
表 3－3　相关参数和变量的数值(年度)…………………………… 61
表 4－1　CFPS 和 HFCS 相关指标的比较…………………………… 68
表 4－2　CHPS 和 HFCS 家庭资产配置及消费收入比 ……………… 69
表 4－3　CHPS 和 HFCS 家庭房屋来源情况百分比 ………………… 70
表 4－4　CHPS 和 HFCS 非数量性指标方面的比较 ………………… 70
表 4－5　资产财富效应存在性检验 ………………………………… 71
表 4－6　房产财富效应差异性检验结果 …………………………… 74
表 4－7　房产财富效应差异性检验结果 …………………………… 76
表 5－1　模拟的参数设定 …………………………………………… 92

表5－2　居民住房反向抵押贷款参与状况及平均消费倾向变动情况（年金支付）…………………………………………………… 95
表5－3　居民参与住房反向抵押贷款的时间选择情况（年金支付）…………………………………………………… 97
表5－4　退休居民可择时参加住房反向抵押贷款的平均消费倾向变化（年金支付）……………………………………………… 98
表5－5　居民住房反向抵押贷款参与状况及平均消费倾向变动情况（一次性支付）……………………………………………… 100
表5－6　居民住房反向抵押贷款参与状况及平均消费倾向变动情况（$b=0$）……………………………………………… 102
表5－7　居民住房反向抵押贷款参与状况及平均消费倾向变动情况（$b=5$）……………………………………………… 103
表5－8　居民住房反向抵押贷款参与状况及平均消费倾向变动情况（$r_d=5.94\%$）……………………………………………… 104
表5－9　居民住房反向抵押贷款参与状况及平均消费倾向变动情况（$\theta=0.25$）……………………………………………… 105
表5－10　居民住房反向抵押贷款参与状况及平均消费倾向变动情况（$\eta=5.52\%$）……………………………………………… 107
表5－11　居民住房反向抵押贷款参与状况及平均消费倾向变动情况（$\gamma=2$）……………………………………………… 108
表5－12　居民住房反向抵押贷款参与状况及平均消费倾向变动情况（$\omega=8\%$）……………………………………………… 109
表5－13　居民参与住房反向抵押贷款的时间选择情况 ……………… 110
表5－14　居民可择时参加住房反向抵押贷款的平均消费倾向变化 …………………………………………………… 111
表5－15　居民参与住房反向抵押贷款的时间选择情况（$b=0$）…………………………………………………… 112

表 5－16　参加住房反向抵押贷款家庭的平均消费倾向变动情况（$b=0$）…… 113
表 5－17　居民参与住房反向抵押贷款的时间选择情况（$b=5$）…… 113
表 5－18　参加住房反向抵押贷款居民的平均消费倾向变动情况（$b=5$）…… 114
表 5－19　居民参与住房反向抵押贷款的时间选择情况（$r_d=5.94\%$）…… 115
表 5－20　参加住房反向抵押贷款居民的平均消费倾向变动情况（$r_d=5.94\%$）…… 116
表 5－21　居民参与住房反向抵押贷款的时间选择情况（$\theta=0.25$）…… 116
表 5－22　参加住房反向抵押贷款居民的平均消费倾向变动情况（$\theta=0.25$）…… 117
表 5－23　居民参与住房反向抵押贷款的时间选择情况 …… 118
表 5－24　参与住房反向抵押贷款居民的平均消费倾向变动情况 …… 119
表 5－25　居民参与住房反向抵押贷款的时间选择情况（$\gamma=2$）…… 120
表 5－26　参加住房反向抵押贷款居民的平均消费倾向变动情况（$\gamma=2$）…… 121
表 5－27　居民参与住房反向抵押贷款的选择情况（$\omega=8\%$）…… 122
表 5－28　参加住房反向抵押贷款居民的平均消费倾向变动情况（$\omega=8\%$）…… 123
附表 1　资产财富效应存在性检验，被解释变量为食品消费 …… 157
附表 2　房产财富效应差异性检验结果 …… 158

1 导论

1.1 研究背景及意义

1.1.1 研究背景

21 世纪初，欧美多个国家金融股票市场泡沫破灭，导致家庭金融资产严重缩水，一度引发政府和经济学界人士的担忧，担心人们会因金融资产的损失而大幅削减消费，从而拖累经济增长。可是这种现象却没有发生，美国和欧洲各国的居民消费支出不但没有出现大幅下降，反而出现较快的增长。

正当很多学者开始争论股市下跌为什么没有抑制居民消费的时候，美国联邦储备委员会原主席艾伦·格林斯潘先生给出了自己的解释。他认为消费没有大幅缩减是因为房价上涨了，房地产价格的急剧上涨所带来的财富效应非常强劲，足以抵消股市下跌对人们消费的影响还有余。特别是 2007 年以来欧美房价的大幅下挫和家庭消费支出的减少，虽然不能说格林斯潘的话又一次得到印证，但至少没有提供相反的例证。格林斯潘的论断启发了很多学者，关于房屋资产对消费的影响作用，一时成为学者们研究的热点。

同欧美国家的房地产市场相比，我国的房地产市场起步较晚。从 1998 年开始，我国全面实行住房制度改革，逐步建立起市场化的住房制度，房屋资产逐渐成为家庭财富的重要组成部分。国家统计局调查队

2002 年对中国八省市城市居民家庭抽样调查结果显示，在城市家庭财富构成中，房产价值占 47.9%。随着房地产市场的发展和房价的攀升，到 2010 年，中国城镇家庭中，有 85% 的拥有房产，房产占家庭总资产比重高达 73.44%[①]。中国社科院调查报告称，2013 年底我国城镇家庭住房自有率为 89.6%，18.6% 的家庭拥有两套以上住房。这些家庭资产的形成一方面是过去一段时间居民积累和房价上涨的结果，另一方面也会反过来影响家庭未来的消费和储蓄行为，即产生资产的财富效应（Wealth Effect）。消费、投资和出口被喻为拉动我国 GDP 增长的“三驾马车”，随着投资和净出口作用的减弱，消费在经济增长中的作用会越发凸显。但长期以来，我国的居民消费率持续偏低（如图 1－1）。樊纲（2014）认为，当前中国最大的经济失衡，是过高的储蓄率与过低的消费率之间的矛盾。“如果不解决储蓄、消费这一国民经济最重要的结构失衡问题，其他改革都是隔靴搔痒”。我国这种消费需求持续低迷的现状，已成为我国经济持续健康发展的主要障碍之一。

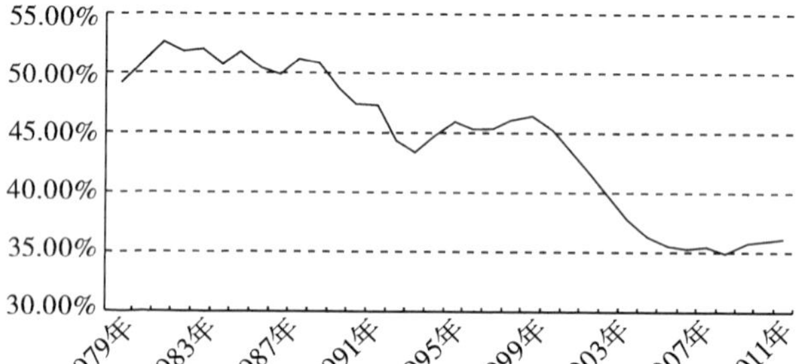

图 1－1　我国改革开放以来居民消费率的变动情况

资料来源：国家统计局网站。

社会居民总消费支出是由该社会全体成员的消费支出加总得来的，所以该社会各年龄层次人口消费支出的特征，会对总支出产生影响。处于不同生命周期阶段的居民会有不同的储蓄和消费行为。根据生命周期

① 清华－花旗中国消费金融与投资者教育调研发布的第二年度调研报告，2010 年 9 月。

理论（Life - Cycle Hypothesis），年轻一代居民会获得较多的劳动收入，支付现期的消费并对退休后的生活进行储蓄；而年老一代居民会通过养老金和消耗年青时期的储蓄来维持生活。房产作为家庭资产的重要组成部分，会参与居民生命周期消费、储蓄决策的全过程。从我国现阶段的人口结构来看，我国已进入老龄化社会，且我国人口老龄化将呈现加速发展态势，预计到2050年60岁及以上老人将达4.4亿，届时将占全国总人口的34%左右[①]。一份来自西南财经大学中国家庭金融调查与研究中心的报告显示[②]，在城镇地区，房产占总资产的比例随着户主年龄增大而增高，户主年龄大于60岁的家庭的房产占总资产的比例高达82.3%，明显高于其他年龄段家庭（如图1-2）。与金融资产不同，家庭所持有的房产具有双重属性：它一方面具有投资品的属性，是大多数家庭最为重要的资产持有形式；另一方面具有消费品的属性，可以为居住者带来效用。且居民在年老时，通过变卖年轻时期所积累的房产，往往面临较高的房产交易和搬迁居所的成本，离开自己的原住地可能还会面临很大的心理成本（Venti and Wise，1990）。这些因素的存在，可能都会抑制老年居民将增值的房产变现以支持当前的消费，从而制约消费的增长。

如果能通过一定的机制设计，在保留老年人房屋居住权基础上，将其在年青时期积蓄的房产，转化为现期的流动资金，从而提高老年居民的消费能力，那么既可以增加社会总体消费水平，也可以部分缓解社会的养老压力。在这方面，世界很多发达国家和地区已经运作比较成熟的住房反向抵押贷款（Reverse Mortgage）可以为我国提供经验借鉴。

---

① 波士顿咨询公司和瑞士再保险：《发掘银行市场的金色机遇》，2012年4月。

② 西南财经大学中国家庭金融调查与研究中心：《房产在家庭财富中作用和风险》，2014年1月。

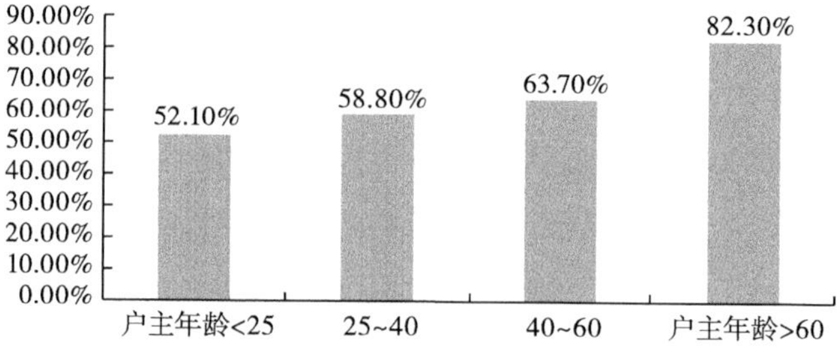

图 1－2 我国城镇不同年龄段家庭房产占家庭总资产的情况

1.1.2 问题的提出

综上所述，提升我国房屋资产的财富效应，发挥其在促进居民消费中的作用是一个十分重要的研究课题。房屋资产财富效应受哪些因素的影响？这些因素如何影响房屋资产的财富效应？我国现期的房屋资产财富效应有多大？相关措施在提升房产财富促进消费增长中的作用如何？这些问题的回答对于提升我国居民房产的财富效应具有基础性的作用。

本书着眼于中国实际，采用理论建模和实证分析相结合的方法，尝试对上述问题做出回答。具体研究按以下几个方面展开：

（1）建立个体优化决策基础上的理论模型，通过不同代个体消费的加总，推导出社会总消费与居民收入、房屋资产和金融资产之间关系的解析表达式。研究哪些因素可能会影响房屋资产的财富效应，以及这些因素如何对房产的财富效应产生影响。

（2）针对理论模型推导的社会总消费与居民收入、房屋资产以及金融资产之间关系的解析表达式，利用宏观季度数据实证研究我国现阶段房屋资产财富效应的大小，并和理论模型的结果相对照。对于宏观时间序列数据，无法包含家庭具体人口和经济特征等方面的弱点。本书也使用大型微观家户调查数据对我国与部分发达国家房产财富效应进行了比较分析。

（3）在上述两方面研究的基础上，构建多期生命周期模型。结合我国具体的经济与社会实际对模型参数进行校准，采用动态模拟的方法，分析住房反向抵押贷款的引入和相应参数值的调整对居民消费的影响。

1.1.3 研究意义

关于房屋资产的财富效应，国内外已有大量研究，但主要集中于利用各国的实际数据，对房产的财富效应进行实证分析。研究内容主要集中在以下几个方面：一是房屋资产价值变化对居民消费的影响力度，即对房产财富效应大小的估计；二是比较房屋资产与金融资产等家庭资产的各组成部分财富效应的相对大小；三是进行房产财富效应在不同国家之间或同一国家不同时期之间的比较。得出的结论显示，不同国家或同一国家不同时期的房产财富效应存在差异，而且金融资产和房屋资产的财富效应大小往往不同。对于实证结果所出现的上述差异，却没有给出具有微观基础的统一理论解释。本书通过构建个体优化决策基础上的世代交叠模型，对影响房屋资产和金融资产财富效应大小的因素及其作用机制进行分析，以期对大量实证研究结果中出现的差异提供统一的理论解释。

在我国以往的房产财富效应的实证研究中，大量使用的是宏观时间序列数据。由于我国房地产市场发展时间还不太长，造成宏观时间序列数据的样本点不足，早期的研究也没有包含最近几年的样本数据信息。本书利用 2000—2013 年的宏观季度数据，对我国现阶段房屋资产和金融资产的财富效应进行了实证分析，并在理论模型参数合理的取值范围内，对理论模型结论和实证研究结果的相合性进行了检验。为弥补宏观数据在研究房产财富效应方面可能的不足，本书利用同一时期的两个大型微观家户调查数据，对我国与部分发达国家房产财富效应进行了实证对比分析。研究过程中，本书使用相同的研究方法和数据口径，使我国和这些国家房产财富效应的比较更具可靠性，避免了不同文章因使用的研究方法和数据口径差异而造成的影响。对于存在的差异，分析了可能的原因，为相关政策调整提供了思路。

在当前我国居民消费率持续底下、经济结构失衡的大背景下，如何刺激国内需求，特别是居民消费需求，已成为政府部门的重点工作之一。党的十八大报告明确指出，“要牢牢把握扩大内需这一战略基点，加快建立扩大消费需求长效机制，释放居民消费潜力”，“使经济发展更多依靠内需特别是消费需求拉动”。而房产作为家庭财富的重要组成部分，可以通过财富效应影响居民消费（黄静、屠梅曾，2009；杨耀武等，2013）。但是已有的研究结果表明，我国老年家庭消费的房产财富效应显著低于中、青年家庭（杨耀武等，2013）。随着我国老龄化趋势的加速发展，我国老年家庭较低的房产财富效应，将不利于我国总体消费水平的提升。房产财富效应的大小受到房地产市场发展程度、金融市场自由化程度以及人们对待房产观念等诸多因素的影响。房产观念的改变需要一个较长的过程，造成我国老年家庭房产财富效应低的一种最普遍解释，就是较强的遗产馈赠动机。我国老年居民往往会将房产遗留给后代，但是这和不发达的金融市场结合在一起的时候，我们就不太能分清遗产的馈赠是出于主动还是被动。因为在生前出售自己的房产，老人所面临的房产交易和搬迁成本会很高，离开自己的原居地可能还会面临很大的心理成本。如果我国可以适时地开展住房反向抵押贷款（reverse mortgage）业务，就能使拥有房产的老人在生前既能保留房屋居住权，又能依靠房产获得流动性支持，从而使“房产富人、现金穷人”的退休老人，可以提前消费部分房产价值。这样既可以提升老年居民的消费水平，又可以部分缓解社会的养老压力。显然，这对释放居民消费潜力具有重要的现实意义。

1.2 相关概念界定

在开展本书的正式研究工作之前，我们有必要对本书所涉及的核心概念加以界定：

（1）房产。从一般意义上来说，房产是指土地上的建筑物和构筑物，以及由此所衍生的权利义务关系，如房屋的所有权、抵押权等。土地上的建筑物和构造物是和所依附的土地密不可分的，目前我国居民只有房产所属土地的使用权，在这种情况下，居民在发生房产交易等权益变更时，往往也伴随着土地使用权的转让。我国《城市房地产管理法》第31条规定，房地产转让、抵押时，房屋的所有权和该房屋占用范围内的土地使用权同时转让、抵押。按照该规定，商品房的所有权和该房屋占用范围内的土地使用权必须同时转让。鉴于此，本书所讨论的房产不再仅限于土地上的建筑物和构筑物及其所衍生的权利义务关系，也包括其所属土地的使用权。

（2）房产财富效应。对财富效应的研究可以追溯到20世纪40年代，庇古（Pigou，1943）提出了这样一种思想，“货币余额的变化，假如其他条件相同，将会在总消费开支方面发生变化”。这样的财富效应常被称作庇古效应和实际余额效应。随着人们财富持有形式的多元化，现代意义上的财富效应，更多的指向居民金融资产和房产价值变化对居民消费支出的影响。人们对金融资产财富效应的研究早于对房产财富效应的研究。朱文辉（2004）指出，股市的财富效应就是指股票价格的波动使股票持有者财富变化，从而导致消费支出增减变动的现象，也即股票市场上涨使人们更富裕，通常人们越富裕，消费支出也就越多。很多对房产财富效应的研究，使用了和朱文辉（2004）类似的定义，即当房价的波动使得房产持有者的财富发生变化，从而导致消费支出增减变动的现象。这类定义将资产持有者的财富变化仅仅局限于资产价格的波动。然而，居民所持财富的变化，可能会受到以下三种因素的影响：一是居民所持资产价格的变化；二是馈赠所得净额，即接受馈赠和馈赠他人的差额；三是居民财富净积累的大小，即财富积累额减去财富消耗额。从整个社会角度来看，一定时期内，财富的馈赠收入和馈赠支出应该大致相当①，但是资产价格的变动和居民财富净积累的多少会影响整个社会居民所持有的财富量，一旦居民所持有的财富量发生变化，必将对未来的消费产生影响。詹姆斯·波特巴（James Poterba）指出，家庭的预算约束决定了当个人财富增加的时候，要么消费者自己消费掉这些财富，要么留给其他人在未来消费，因而财富效应一定会发生，其实现仅仅是个时间问题。需要特别指出的是，财富是资产和负债的差额，当居民贷款购买房产时，其财富额实际上并没有发生变化，所以在谈到资产的财富效应时，实际上是指财富的变动对消费的影响，在下文中，若无特别指明，将不再严格区分这两个概念。基于以上原因，本书将综合房价变动和房产财富积累过程所引起的居民房产财富增减变动，进而导致消费支出增减变化的现象统称为房产财富效应。同时，已有的房产财富效应研究文献中，部分文献使用了房产的消费弹性，即房产价值每变化1%所引起的消费变动百分比，来表示房产财富效应的大小；其余的文献使用了房产的边际消费倾向，来表示房产财富效应的大小。考虑到房产消费弹性会受到消费额与房产价值比率的影响，所以本书以房产的边际消费倾向表示房产财富效应的大小②。

（3）住房反向抵押贷款。与一般的金融资产不同，房产具有消费品和投资品的双重属性，且房产的流动性较差，交易过程也会产生较高的费用。因此，要将增加的房产财富转换为现实的消费能力，实现房产的财富效应，往往要借助一定的金融工具，而住房反向抵押贷款就是其中的一种金融工具。柴效武、杨梦（2012）指出：从广义上说，住房反向抵押贷款就是老年住户将自己拥有的住房在保证居住使用权的前提下抵押乃至出售未来的所有权，提前获得现金流的一种金融保险工具；从狭义上讲，住房反向抵押贷款是指老年人用自己拥有的住房作抵押从

① 如果从一国范围出发，若不存在对国外的馈赠支出和馈赠收入，则馈赠收入和馈赠支出应该相等，从而馈赠净额为零。

② 在利用微观数据对我国和部分欧元区国家房产财富效应进行比较时，将得出的房产消费弹性也转换为房产的边际消费倾向。

银行获得借款，以满足当前的消费需求，只有当借款人去世或者不再居住被抵押房屋时，特设机构才能要求其偿还本金和利息，且只能通过出售、拍卖或出租房屋来收回借款本利。本书沿用这一概念。

1.3 研究方法及结构安排

1.3.1 本书的研究方法

本书的研究方法主要采用理论分析与实证研究相结合的方法。通过构建理论模型和计量检验，结合比较分析等研究方法，系统阐述了房产财富效应大小的影响因素及其影响方式，并对我国现阶段的房产财富效应进行了实证检验。具体而言，本书通过构建个体优化的世代交叠（Over Lapping Generation）模型，求解出模型中代表性个体在预算约束条件下的消费、储蓄和投资决策，再对各代家庭的最优消费决策进行加总，得到社会的总消费。以此来研究模型中各参数所代表的经济变量对房屋资产财富效应的影响。在研究住房反向抵押贷款对居民消费决策的影响时，本书利用生命周期理论构建模型，并基于我国具体的经济与社会实际，设定模型中的相关参数值。在此基础上，通过 FORTUNE 软件数值模拟了住房反向抵押贷款的引入对老年居民消费、储蓄和资产配置的影响。

在实证研究中，本书分别利用了宏观时间序列分析和微观计量的方法。在使用我国宏观季度数据分析居民消费、收入、房产财富以及金融财富的长期关系过程中，对多变量之间的协整关系做了 Johansen 检验，以对变量之间的协整关系做出判断。在此基础上估计了收入、房产财富以及金融财富对居民消费的影响。同时，为了弥补基于宏观时间序列数据的研究可能存在的不足，本书也利用了大型的微观家户调查数据，对我国以及部分发达国家的房产财富效应进行比较分析。大型微观家户调查数据的使用，可以将具体的家庭人口及经济特征纳入模型加以控制，以揭示这些变量对家庭消费的影响。在研究不同户主年龄家庭房产财富效应的大小时，在微观计量模型中，引入年龄段虚拟变量与房屋资产的交互项，来对户主处在不同年龄段家庭的房产财富效应变化进行分析。

与此同时，在利用微观数据进行实证研究的部分，还利用了比较分析的方法。在我国家庭房产财富效应与部分发达国家房产财富效应的比较过程中，可以揭示房产财富效应变化的特征，这丰富了本书的研究结论，并有助于对本书的理解。

1.3.2 本书的结构安排

本书共包括六章。第一章为导论。该部分主要阐述本书的研究背景和研究意义，界定本书涉及的核心概念，并介绍后面章节开展研究工作所涉及的研究方法和实证技术，同时也给出本书可能的创新之处和存在的不足。通过本章的介绍，明确本书研究方向和目的，指出以后章节要重点解决的问题，即通过理论模型研究各社会和经济因素影响房产财富效应的机制，并利用宏观和微观家户数据对我国房产财富效应的大小进行实证检验。在此基础上，通过恰当的机制设计，增加老年居民的消费，从而提高我国居民房产的财富效应。

第二章是文献综述。本章主要从三个方面展开，首先回顾了居民消费决定因素的理论发展，使读者对影响居民消费的主要因素有所把握，为后续的研究打好基础。其次，对国内外研究房产财富效应的理论文献和实证文献进行了较详尽的梳理。与金融资产不同，房产具有满足居民住房需求和投资品的双重属性，而且房产的流动性较一般金融资产弱。如果可以使居民在保有原房屋居住权的情况下，增加房产的流动性，就有可能增加其价值变动对消费的影响程度，从而释放沉淀在房产上的大量资金，促进社会总体消费水平的提升，而部分发达国家开展的住房反向抵押贷款可以较好地实现上述目的。因此在文献综述的第三部分，对国内外住房反向抵押贷款与本研究相关的文献进行了梳理。

第三章主要通过理论模型研究各社会和经济因素影响房产财富效应

的机制。通过建立两期的世代交叠模型（Over Lapping Generation Model），模型中引入居民房产偏好、房价涨幅、住房反向抵押贷款等经济和社会变量。在个体优化决策的基础上，求解出青年一代和老年一代的消费表达式，并通过消费加总将社会总消费表达为社会总收入、金融资产和房产的函数，而房产与金融资产前的系数所代表的房产与金融资产的边际消费倾向（MPC）反映了房产与金融资产财富效应的大小，这些系数由居民房产偏好、房价涨幅以及其他社会和经济特征决定。社会总消费关于收入、金融资产和房产解析表达式的给出，可以方便我们研究房产偏好、房价增长幅度、房产抵押贷款利率以及住房反向抵押贷款的引入等因素对房产财富效应大小的影响，从而对实证研究中出现的不同国家，或同一国家不同时期房产财富效应大小的差异提供统一的理论解释。同时，该解析表达式的给出，也为实证研究提供了理论基础。在此基础上，利用宏观季度数据，对我国房产财富效应大小进行了实证检验，并在模型参数合理的取值范围内，发现理论模型和实证结果存在一致性。

第四章鉴于利用宏观时间序列数据的研究，没法确定总消费的增长是否恰是那些房产财富增加的家庭引起的，而且宏观数据也无法将具体的家庭人口和经济特征纳入模型加以控制。在我国由于住房市场化改革时间不长、样本容量有限，可能会导致估计的精度不高。在本章我们利用大型微观家户调查数据、中国家庭动态跟踪调查（CFPS）和欧洲中央银行发布的欧元区家庭金融和消费调查（HFCS）数据，对我国和欧元区家庭房产财富变动对消费的影响进行实证分析，大型微观数据的使用可以解决利用宏观数据研究中所存在的问题；而且在同一篇文章中，利用相同的研究方法和数据口径，使得我国和欧元区国家房产财富效应的比较更具可靠性，避免了不同文章作者因使用的研究方法和数据口径差异而造成的影响。在比较的基础上，分析造成这些差异的可能原因，并提出政策建议。

第五章在前两章研究的基础上，利用生命周期模型，结合我国人口和经济特征，研究住房反向抵押贷款的引入对老年居民消费支出水平的影响。该模型假设每 5 年为一期，老年居民在 61 岁进入该经济体，最长可以存活 9 期[①]。在模型中，我们对老年居民可以选择参加住房反向抵押贷款的时间设计了两种情况：一种是居民只可以在退休当前选择参与该贷款；另一种是居民可以在退休后的任何一期选择参与该贷款。在贷款的支付方式上，模型设置了现实中常用的两种支付方式：一种为年金支付；另一种为一次性支付。通过数值模拟，研究老年居民在住房反向抵押贷款引入后是否会参与该项贷款，以及参与该贷款的时间选择情况，从而确定参与住房反向抵押贷款的居民类型；通过研究参与住房反向抵押贷款前后居民平均消费率的变化，可以分析住房反向抵押贷款对居民消费支出的影响。

第六章是本书的结论部分。通过前面章节的理论推导和实证检验，我们对影响房产财富效应的理论机制和我国房产财富效应进行了分析和估计。在生命周期模型基础上的数值模拟结果，展示了住房反向抵押贷款引入后，老年居民该项贷款的参与情况，以及参与该贷款的老年居民平均消费倾向的变动状况。最后，基于这些研究结论，给出相应的政策建议。

1.4 本书的创新与不足

1.4.1 本书的创新之处

较之以往研究，本书可能的创新之处主要集中在如下方面：

一是在理论模型中，本书通过构建一个考虑代际关系的两期世代交

① 个体最长可以存活 9 期，即个体最长可存活到 105 岁，这样设的目的是为了和《中国人寿保险业经验生命表（2000—2003 年）》的存活率相对应，该生命表中个体的最长存活期限为 105 岁。

叠（Over Lapping Generation Model）模型，模型中引入了必要的经济和社会政策变量，在不同代个体优化决策的基础上，将社会总消费表示为收入、金融财富和房产财富的函数。这样就可以有效区分房产财富效应和金融资产财富效应的差异，厘清各经济和政策变量对房产财富效应的影响机制，从而力求对大量实证文献中存在的各国以及一国不同时期房产财富效应的差异，提供具有微观基础的理论解释。同时，这也为今后利用时间序列数据研究房产财富效应的实证研究过程中，寻找可能的结构变化时点提供了依据。

二是在实证研究部分，本书对利用宏观季度数据得出的我国房产财富效应小于金融资产财富效应的结果，结合理论分析部分的结论做出了解释，发现理论结论和实证结果之间存在某种一致性。同时，为弥补利用宏观数据实证研究房产财富效应可能存在的不足，本书还使用了具有充分代表性的两个大型微观家户调查 CFPS（2010）和 HFCS（2010）数据，对我国和欧元区国家的房产财富效应进行了实证对比分析。这两个数据库相关数据结构的一致性和本书研究方法的统一性，使本书所得出的我国和欧元区国家房产财富效应具有很高的可比性，避免了不同文章作者因使用的研究方法和数据口径差异而造成的影响。大型微观家户调查数据的使用，也弥补了我国已有相关实证研究因囿于样本量不大所可能带来的缺憾。

三是在利用生命周期模型，动态模拟住房反向抵押贷款的引入对老年居民的影响时，从反向抵押贷款对老年居民消费支出影响的视角出发，模拟了参与住房反向抵押贷款的老年居民平均消费倾向的增长情况。反向抵押贷款对老年居民消费支出影响视角的选取，在我国老龄化趋势加剧、居民消费率有待提高的社会大背景下，具有一定的价值。在动态模拟过程中，使用了年金和一次性这样两种较常用的反向抵押贷款支付方式，探讨了这两种支付方式对老年居民消费路径选择的影响，从而分析了两种支付方式的利弊。在确定模型中相关参数和变量数值时，综合使用了我国微观家户调查数据和宏观时间序列数据，微观家户调查数据和宏观时间序列数据的综合使用，提高了相关变量取值的可靠性。

1.4.2 本书的不足及未来研究方向

本书存在的不足和未来研究的方向，主要体现在以下方面：

一是在构建理论模型研究影响房产财富效应的机制时，为得到模型的解析解，给出完整的理论推导过程，揭示经济现象背后所隐含的数量关系和内在机理。我们对模型进行了简化，如：尚未考虑居民的主动遗产动机；购买新房从而需要搬迁居所的经济成本和心理成本也未考虑在内等等。而且通过对模型参数的选取，以检验理论模型结论和实证结果的相合性时，也会因参数取值的不同而存在差异。但模型所揭示的经济学内在机理却是明确无误的，可以为进一步的研究指明方向。

二是在实证研究方面，利用宏观数据对我国房产财富效应进行实证检验时，由于无法获得我国城镇居民房产财富持有量的数据，因而，只好仿照臧旭恒（2001）和 Chen 等（2009），将城镇居民的人均住房面积乘以住宅平均销售价格作为城镇居民人均持有房产的价值，这可能会与城镇居民实际人均房产财富持有量有一定的偏差。在利用微观数据对我国居民房产财富效应进行实证研究时，由于样本中租房户所占比例太低，造成检验租房者和房屋自有者之间房产财富效应是否存在差异时，所得结论的可靠性不高。另外，由于我国目前还没有时间跨度较长、质量较高的微观家户跟踪调查数据，所以只能和很多的实证文献一样，使用截面数据研究房产的财富效应，这对实证研究房产财富效应也产生了一定的制约作用。相关工作在数据完善后，还需进一步加强。

三是在利用生命周期模型动态模拟住房反向抵押贷款对老年居民消费支出影响的过程中，只模拟了住房反向抵押贷款引入时，处于退休当期的居民参与住房反向抵押贷款的情况和对其消费支出的影响。未来应该结合我国人口年龄的分布情况，模拟住房反向抵押贷款对各年龄段居民消费支出的影响，从而得出住房反向抵押贷款对社会居民消费的总体影响。而且在生命周期模型动态模拟过程中，房价是外生给定的，而房价的形成往往是多重因素共同作用的结果，具有相当的复杂性，且住房反向抵押贷款的引入，本身可能就会对房价产生影响。因此未来有必要考虑构建将房价内生的更为复杂的模型，以便更好地研究住房反向抵押贷款对居民消费的影响。

2 相关文献回顾

本章通过构建理论模型，探讨影响房产财富效应的可能因素以及这些因素如何影响房产财富效应，并在理论研究的基础上，对我国当前的房产财富效应进行了实证分析。在此基础上尝试建立住房反向抵押贷款与房产财富效应的关联。因此，本章的文献回顾包括如下几个部分：一是对居民消费决定因素的理论发展进行回顾；二是对国内外房产财富效应的相关研究进行综述；三是综述住房反向抵押贷款对居民收入和消费影响的相关文献。

2.1 居民消费决定因素分析的理论发展

2.1.1 绝对收入和相对收入假说

绝对收入假说是凯恩斯整个就业理论体系中一个独特而重要的组成部分。凯恩斯认为，消费支出是现期收入的函数，即：

$$C = \alpha + \beta Y \tag{2-1}$$

其中，C 为现期消费，Y 为现期收入，$\alpha > 0$ 为维持基本生活的自发消费需求，β 是边际消费倾向（MPC），β 和 Y 的乘积为收入引致的需求，总需求 C 为自发需求与引致需求之和。凯恩斯认为，收入的增加会以一定的比例转化为消费，而这个比例会随着收入的增加而不断减小，即著名的边际消费倾向递减规律。正是这一“基本心理定律”，使得储蓄的增加及有效需求的不足成为不可避免的问题。它能够很好地解释大萧条的产生，遗憾的是囿于研究数据不足而无法对其进行实证检验。直到库兹涅茨（1942）对美国 1879—1888 年及 1929—1938 年两阶段国民生产和资本净积累的研究结果发布，人们才发现储蓄率并没有像绝对收入理论预测的那样随收入的增加而不断增加，反而表现出明显的长期稳定性。此外，凯恩斯主义对大萧条之后就业与收入的预测也出现了严重偏差。至此，对经济大萧条有相当解释能力的绝对收入理论遭受到了前所未有的质疑和挑战，经验研究的结果呼唤着理论的变革。

为顺应理论变革的需要，美国经济学家杜森贝里（J. S. Duesenberry，1949）在《收入、储蓄和消费者行为理论》中提出了相对收入假说。在指出凯恩斯的错误假设的基础上，杜森贝里提出消费并不取决于现期绝对收入水平，而是取决于相对收入水平，即相对于其他人的收入水平和相对于本人历史上最高的收入水平。根据相对收入假设，杜森贝里认为：①人们的消费会相互影响，有攀比倾向，即“示范效应”，人们的消费不取决于其绝对收入水平，而取决于同他人相比的相对收入水平。②消费有习惯性，某期消费不仅受当期收入的影响，而且受过去所达到的最高收入和最高消费的影响。消费具有不可逆性，即所谓“棘轮效应”。但是，相对收入假说仍不能完美地解释储蓄率的长期稳定性。

在凯恩斯的绝对收入假说中，消费由收入决定，并没有系统地提出资产的重要性，更没有探讨资产与消费的关系。帕廷金曾指出：“他没有研究出一种理论框架可以将财产与消费联系起来，而是将更多的注意力集中在现行收入上，将现行收入作为消费的最好指示器。”在凯恩斯绝对收入假说基础上发展起来的相对收入假说，也没有把资产考虑到消费中，而是将过去的收入引入分析的框架。这或许是由于他们将有计划的财产积累作为消费的结果，而不是作为消费的原因（孙凤，2002）。

在消费决定因素理论的发展过程中，数据和计量经济学方法扮演了重要的角色。绝对收入假说由于无法解释储蓄率的长期稳定性，而退出了历史舞台，相对收入假说由于引入了“过去的收入”而极大地拓展了研究的思路，但还是无法严格地解释这一现象。直到生命周期和持久收入理论的诞生，储蓄率的长期稳定性才得到了完美的解释。

2.1.2 持久收入和生命周期假说

弗里德曼（Milton Friedman，1957）提出消费的持久性收入假说（Permanent Income Hypothesis，PIH），他认为消费者每期的消费取决于未来的预期收入，即劳动收入与和资本收益的贴现值。他将可支配收入划分为持久收入 Y^p 和暂时性收入 Y^t，即收入 $Y = Y^p + Y^t$ 。持久性收入具有持续性，而暂时性收入具有偶然性。弗里德曼以现在和过去收入的加权平均数来估计持久收入，即：

$$Y^p = \theta Y_t + (1 - \theta) Y_{t-1}, 0 < \theta < 1 \tag{2-2}$$

其中，Y_t 代表本期收入，Y_{t-1} 代表上期收入，θ 代表现期收入的权重。人们的消费主要不是同他们的现期收入有关，而是取决于持久性收入。即：

$$C = \varphi Y^p \tag{2-3}$$

φ 为常数，这表明，理性的消费者从预期可以得到的全部收入的角度来安排消费。

莫迪利安尼和布伦贝格（Modigliani and Brumberg，1955a，1955b）提出生命周期假说（Life Cycle Hypothesis，LCH），他们假定理性的消费者会将一生的总资源在生命的各期中进行分配，以最大化其终身效用。也就是说不是现期收入决定消费，而是劳动收入和家庭资产组成的终身财富决定消费。在假定不存在遗产动机的情况下，消费者在其生命终了时，将消费完其全部财富。安多和莫迪利安尼（Ando and Modigliani，1963）构建了一个包含资产的消费函数。可用数学关系式表示为：

$$C_t^T = \Omega_t^T v_t^T \tag{2-4}$$

其中，C_t^T 为生活在 t 年的年龄为 T 岁消费者的消费量，v_t^T 为消费者余生中可获资源的现值。Ω_t^T 为边际消费倾向（MPC），其独立于 v_t^T，大小由实际利率、消费者的年龄和偏好决定。v_t^T 可进一步表示为：

$$v_t^T = a_{t-1}^T + y_t^T + \sum_{\tau=T+1}^{N} \frac{y_t^{eT\tau}}{(1+r_t)^{\tau-T}} \tag{2-5}$$

a_{t-1}^T 为上期末的资产价值，y_t^T 为本期非财产性收入，$y_t^{eT\tau}$ 为年龄 T 的消费者预期在其生命周期中第 τ 年的非财产性收入，N 为可获得非财产性收入的最大年龄，r_t 为资产回报率。如果令 y_t^{eT} 为平均年期望收入，即：

$$y_t^{eT} = \frac{1}{N-T}\sum_{\tau=T+1}^{N} \frac{y^{eT\tau}}{(1+r_t)^{\tau-T}} \tag{2-6}$$

（2－4）式可以进一步表示为：

$$C_t^T = \Omega_t^T y_t^T + \Omega_t^T(N-T)y_t^{eT} + \Omega_t^T a_{t-1}^T \tag{2-7}$$

生命周期假说强调了储蓄的动机，把收入和财富都纳入了消费函数。

一般来说，在一个资产市场发展比较健全的国家里，房产收益较股票收益更加稳定。房产价格反转的次数和可能性都小于股票市场，波动也较弱。房产价值增长所带来的收益增加的持续性会较一般金融资产更强。从持久收入假说的分析思路出发，如果某种收入增长被视为持久性的，则更有可能促进长期消费。而在生命周期假说的分析框架下，前瞻性的消费者会根据其一生财富的现值来安排当期消费。房产作为家庭资产的重要组成部分，会对居民消费产生较大的影响。一旦消费者的房产增值，从而获得额外的财富，就会将其平均地分配到预期的余生中去。就持久收入假说和生命周期假说两者的关系来看，如果将持久收入理解为消费者一生拥有总资源的年金，那么它将与生命周期理论非常相似。如倒 U 型的消费—年龄曲线以及消费与收入滞后信息无关等。但二者的研究重点差别很大，生命周期理论的精髓在于可以专注于研究生命特征变化引起的“急需”（Modigliani，1986），而持久收入理论几乎不关注人口特征的变化对消费—收入关系的影响或者从宏观出发的人口、收入和财富积累之间的关系，它更关注消费的动态行为，尤其是超越了短期行为的消费—收入动态关系。由于二者在许多推论上有一致性，常被结合在一起讨论。

虽然持久收入和生命周期假说为储蓄率的长期稳定性提供了合理的解释，但随着数据和实证工作的完善，也招致了越来越多的经验研究的质疑。如：从生命周期角度来看，消费—年龄曲线并不都是倒 U 型的，从商业周期角度看，消费不仅受到暂时收入波动的显著影响，而且对持久收入波动变化反应“迟缓”。同时，未被预期到的收入波动，也没有像理论所分析的那样影响消费。由以上质疑所引发的讨论使得消费决定因素理论的研究思路得到了进一步的拓展。

2.1.3 对持久收入和生命周期假说的扩展

霍尔和费莱文（Robert E. Hall，1978；Marjorie Flavin，1981）集中探讨了理性预期理论和生命周期理论以及持久收入理论的综合性内涵。霍尔（Robert E. Hall，1978）的思路是，假定即期效用函数为二次型，利率和时间贴现率都为零，这样个人效用最大化为：

$$\max EU = E\sum_{t=1}^{T}\left(C_t - \frac{a}{2}C_t^2\right) \tag{2-8}$$

预算约束为：

$$\sum_{t=1}^{T} C_t \leqslant A_0 + \sum_{t=1}^{T} Y_t \tag{2-9}$$

其中，C_t 为消费者在 t 期的消费，A_0 为初始资产，Y_t 为消费者 t 期的收入。经过简化，得出了跨期消费的欧拉方程，即 $C_{t+1} = C_t + \varepsilon_t$，这个结论表明消费遵循随机游走过程。收入的可预期变化对消费的变动不产生影响，只有没有预料到的收入变动才会引起消费的变动。住房作为家庭的资产，如果其价格发生出乎意料的持久波动，那么这种波动就会引起消费的变动。

对消费的随机游走假说的实证分析发现，消费与滞后的收入变量显著正相关。戴维森（Davidson，1978）对消费函数滞后性的“滞后性”进行了深入的研究，建立了误差修正消费函数。从宽松的理论前提开始，提出了对时间序列的一个系统的、精致的处理方法，得到的结果比以前的先验理论预见更理想。

生命周期假说认为人们储蓄主要是为老年储备资金，退休后负储蓄。但消费者调查数据显示老年人储蓄普遍为正，一种解释是老年人储蓄是为了满足不时之需，即有预防性储蓄动机。预防性储蓄理论发展、扩充了生命周期—持久收入假说（LC - PIH）模型。预防性储蓄是指风险厌恶的消费者，为防止不确定性所导致的消费急剧下降而进行的储蓄。这一理论认为，储蓄不仅是为了在生命周期中调配资源，也可以为不确定性事件提供保险。利兰德（Hayne E. Leland，1968）认为当效用函数的三阶导数为正的时候，由于存在不确定性因素，使得消费者选择当期多储蓄而少消费。其他的预防性储蓄假说和模型还有迪南德预防性储蓄模型、卡罗尔的缓冲库存模型等。房屋资产的价值一般较高，在家庭资产中往往占有很高的比例，可以为老年家庭提供缓冲库存。当房产价值升高，超过老年个体所要求的储备上限时，会刺激他们减少储蓄、增加消费。

2.2 国内外房产财富效应的相关研究综述

2.2.1 国外有关房产财富效应研究文献综述

根据生命周期理论，家庭财富的大小和财富的变动会影响居民的消费支出，房产作为家庭财富的重要组成部分，当房价波动时，人们的财富存量会相应发生变化，从而影响居民的消费和储蓄决策，进而影响总需求和经济增长。

总的来看，从理论方面研究房产财富效应的文献不多，大量的文献还是集中在实证研究方面。实证研究的内容主要集中在以下三个方面：一是房产财富对消费的影响力度，即房产财富效应的大小；二是房产财富效应与金融资产财富效应大小的比较；三是涉及跨国或一国不同时期房产财富效应大小的比较。

2.2.1.1 理论上探讨房产财富效应的文献

国外从理论上探讨房产财富效应的文献，主要是基于生命周期理论模型，在有限的生命周期中，个体通过安排一生的资源，以实现终身效用的最大化。安多和莫迪利安尼（Ando and Modigliani，1963）将现期消费表示为现期非财产性收入、预期未来非财产性收入和期初净资产的函数，从而以净资产影响消费的边际消费倾向，来表示包括房产在内的总资产的财富效应。随着研究的深入，学者们在这类简单模型的基础上，区分了房屋资产和金融资产等资产形式，引入了更为贴近现实的假设条件，构建了更为复杂的生命周期模型。如 Sheiner（1995）通过将房价和工资收入变动外生化，构建了一个局部均衡的生命周期模型，假设个体无遗产动机，租房者与房屋拥有者相比，获取相同住房服务（Housing Services）成本更高，通过数值模拟（Numerical Method）求解最优的方法，得到个体在生命周期的早期选择租房，然后积累资金支付购房首付并持有房产，在生命的末期出卖房产，选择租房并消耗掉房产的价值。房价变动对总消费的影响是不确定的，房价的升高会使拥有房产的个体增加消费，但对年轻的租房者来说，他们有可能减少消费以便积累足够的房屋首付款，也有可能推迟购买房屋，从而增加当期消费。Carroll et al.（2006）运用生命周期—持久收入假说分析了消费与房价变动之间的关系，得出房价变动对消费具有财富效应的结论。值得注意的是，有些学者从资产选择、消费心理等因素分析房价变动对消费的影响。如 Piazzesi et al.（2007）考虑以消费为基础的资产定价模型，兼顾住房的双重属性，即消费属性和投资属性，得出房地产份额可以用来预测股票的收益，资产组合的存在暗示着风险利率更低，从而改进了消费资本资产定价模型。

2.2.1.2 实证检验房产财富效应的文献

国外学者对房产财富效应的实证研究众多，大部分研究结果显示，房产财富效应确实存在。例如，Case 和 Shiller（1987）研究了美国 20

世纪 70 年代后期和 80 年代早期房价变动和居民消费的关系，发现房价上升 5%，其中的 23% 会被用于消费，并导致个人储蓄的降低。Yoshikawa 和 Ohtake（1989）研究表明，在日本，房价的快速上涨，促进了有房者的消费，对无房者来说，有两种情况，对于房价上涨后，仍决定买房的租户来说，房价的上涨会促使他们减少消费，而对于房价上涨后，决定不再买房的租户来说，房价的上涨会使他们增加消费，且后一种情况对消费的影响更大。因此，房价上涨的净效应是同时增加有房者和无房者的消费。Case（1992）以房地产周期为切入点，对 1991 年美国马萨诸塞州的经济萧条的原因进行了剖析，认为 1984—1987 年房地产繁荣期房价的上涨促进了消费，而 1987 年房地产泡沫的破裂导致了经济的萧条。Engelhardt（1996）利用美国收入动态追踪调查（PSID）1984—1989 年的数据，探讨 20 世纪 80 年代房价波动与房产持有者消费之间的关系，结果发现房地产对消费确实存在财富效应。Kim（2003）估计了韩国 1988—2003 年的房产财富的消费弹性为 0.229。Belsky 和 Prakken（2004）利用美国 1960—2003 年 SCF、SIPP 等机构的宏观季度数据，使用误差修正模型（ECM）估计了房产财富的边际消费倾向（MPC）为 0.045。Thomson 和 Tang（2004）对澳大利亚 1988—2003 年的研究表明，房地产每增加 1 元会导致消费增加 6 分。Bover（2005）利用 2002 年西班牙家户金融调查（EFF）数据，采用非参数估计和两阶段最小二乘法（2SLS），估计的房产财富边际消费倾向（MPC）为 0.015。Chen（2006）使用 VECM 协整模型和 PT 变量分解方法，对瑞典 1980—2004 年的季度数据进行了分析，认为总消费、可支配收入、房产财富、金融财富之间存在很强的统计关系，得出持续的房地产价格上涨具有显著的正效应的结论。Raymond、Man 和 Choy（2007）估计 1983—2005 年中国香港房产财富的消费弹性为 0.10 ~ 0.15。Campbell and Cocco（2007）使用英国家庭支出调查的数据，研究住房价值变动对租房者和自有住房者消费的影响，发现在年老的自有住房者中，房价对消费在统计上有显著的影响，而在年轻的租房者中没有显著影响。Chen et al.（2009）基于我国1998—2007年的宏观数据研究指出，家庭总资产（包括住房资产和金融资产在内）价格变动对消费产生显著的影响。Calomiris（2012）研究显示，美国1981—2009年，平均来说，每1美元住房资产价值的上涨，会带来8.1美分的消费增长。

然而，也有部分学者对房产财富效应的存在性持有不同观点。他们认为住房自身具有很多特殊性，它既是资产也是消费品，同时由于再分配效应和资产收益的不易获得性，财富效应能否发挥并不确定。Levin（1998）对1969—1979年美国纵向退休历史调查数据（Longitudinal Retirement History Survey）进行了分析，发现房产对消费没有影响。Poterba（2000）认为人们更希望把房产遗留给子孙，而不是增加消费。Sinai和Souleles（2005）认为，鉴于房产的双重属性，对于准备长期居住在某一居所的家庭而言，住房价格的上涨仅仅补偿了更高的住房租金成本（机会成本），也就是说，房价的波动和房租的波动相互抵消了。这样不管房价波动有多大，在不考虑替代效应的情况下，其对消费选择是没有影响的。再者，如果考虑资本收益的可得性问题，住房的升值也不会产生太大的消费波动。Muellbauer（2007）发现将增值的房产变现存在较大困难，家庭很难实现房价上涨所带来的收益。因此与金融资产相比，房产的财富效应应该较小。

在房产财富效应与金融资产财富效应大小的比较方面。Elloit（1980）较早使用了宏观数据，对金融资产和非金融资产（包括房产）价值变动对消费支出的影响进行了研究。结果显示，1960—1977年美国非金融资产的变动对消费没有影响，而风险性金融资产价值的变动对消费却有显著的影响。Benjamin、Chinloy和Jud（2003）利用美国1952年1季度至2001年4季度，商务部“美国收入和产品账户”（NIPA）以及美联储“资金流量账户”（FOF）数据，研究美国不动产和金融资产对消费的影响。研究结果显示，不动产每增长1美元，可使消费增加

8 美分，而金融资产每增加 1 美元，只能使消费增加 2 美分，不动产的财富效应大于金融资产的财富效应。Grant 和 A. Peltonen（2008）利用意大利的微观家户调查数据，发现房屋资产的边际消费倾向（MPC）的估计值为每欧元住房资产约 8 欧分，而金融资产的边际消费倾向仅为每欧元 0.4 欧分，且年老家庭房屋资产的边际消费倾向要高于年轻家庭。Bostic et al.（2009）将 1989—2001 年美国劳工统计局（BLS）的消费支出调查（Consumer Expenditure Survey）数据和美国联邦储备委员会（FRB）的消费者金融调查（Survey of Consumer Finances）数据进行匹配合并，研究房产和金融资产对消费的影响。结果显示，房屋资产财富效应大于金融资产财富效应，房产消费弹性为 0.06，而金融资产消费弹性为 0.02。Fisher et al.（2010）指出，1976—2008 年，澳大利亚房产财富效应所带来的边际消费倾向处于 0.13 ~ 0.22，而股市资产财富效应带来的边际消费倾向处于 0.03 ~ 0.10。

近年来，利用各国宏观面板数据或微观家户调查数据，进行资产财富效应跨国比较也成为学者们研究的热点之一。根据 IMF（2002）的研究报告，财富效应在不同国家和不同时期会有所不同，这取决于各国具体的金融体系。Ludwing 和 Slok（2002）利用 16 个发达国家 1970—2000 年的数据，得出的结论是：市场主导型金融体系国家的财富变化导致的财富效应要大于银行主导型金融体系国家；房价上升带来的财富效应要大于股价上升带来的财富效应；随着时间的推移，所有经济体房产财富效应和金融资产的财富效应都有所提升。Case、Quigley 和 Shiller（2005）运用两组面板数据进行分析。第一组是 14 个发达国家 1975—1999 年的年度数据；第二组是 1982—1999 年美国各州的宏观季度。第一组数据的结果显示，房产财富增加 10 个百分点，消费就会增加大约 1 个百分点；所持股票价值若增加 10 个百分点，对消费没有影响。第二组数据的结果显示，若房产财富增加 10 个百分点，消费就会增加 0.4 个百分点，而所持股票价值若增加 10 个百分点，对消费不产生影响。因此得出房地产的财富效应大于金融资产的财富效应的结论。Sierminska 和 Takhtamanova（2007）利用微观数据，估计加拿大房产财富的消费弹性为 0.13，法国为 0.10，芬兰为 0.12。Sousa（2010）利用 1980—2007 年欧洲各地区季度数据，运用工具变量法实证研究发现，房产财富效应不显著，金融资产的财富效应影响较慢。Bhatt 和 Kishor（2014）研究了加拿大、德国、英国和美国 4 个国家总资产（包括房产和股市资产）的财富效应，结果显示，加拿大 1970—2010 年 1 美元资产价值的上涨所带来的边际消费倾向为 2.5 美分，而美国 1959—2011 年为 1.8 美分，英国 1987—2010 年为 1 美分，德国 1992—2009 年消费水平没有表现出同资产价值的相关性。此外，还发现，在研究期间，资产财富效应在加拿大、英国和美国均变现出上升趋势。但该文并没有对各国之间的资产财富效应差异和财富效应上升的趋势给予解释。

2.2.2 国内有关房产财富效应研究文献综述

国内从理论方面研究房产财富效应的文献，主要是对国外理论研究结论进行归纳总结，绝大多数文献还是集中在实证研究方面。

2.2.2.1 理论上探讨房产财富效应的文献

国内关于房产财富效应的理论研究，大多是在国外理论研究的基础上，就房价变动对消费的影响渠道进行归类分析。如，唐建伟（2004）不仅从实现和未实现的财富效应角度分析了房价上涨对消费促进的影响，还从预算约束和替代效应角度介绍了挤出效应的各种渠道。刘建江等（2005）基于生命周期—持久收入假说，分析了资产总量变化对消费的影响，以及房价波动对消费影响的财富效应传导机制。邬丽萍（2006）从宏观和微观视角，整理出房价变动对消费的影响，在此基础上分析了房价变动对居民收入差距的影响，并提出了相应的政策建议。李国学（2006）研究指出房价上涨对于消费的正向财富效应和负向挤出效应相互影响甚至相互抵消，房价上涨对消费的最终影响取决于财富效应和挤出效应的相对大小。邓健、张玉新（2011）在生命周期—永久收入分析框架的基础上，引入信贷传导机制。分析了房价变动对消费的挤出效应渠道，发现信贷市场的发展可以放松居民所受到的流动性约束并促进消费的跨期替代，在一定程度上缓解房价上涨对消费的挤出效应。

2.2.2.2 实证检验房产财富效应的文献

与发达国家相比，我国的房地产市场还不太成熟，相关金融配套措施还有许多不完善之处。从近年来房产财富效应实证研究来看，所得的结果存在较大的差异。

认为我国房产财富效应显著为正的有：黄平（2006）利用我国2000—2005年宏观季度数据，采用时间序列单位根检验和协整分析方法，得出我国房产市场存在统计显著但微弱的财富效应。宋勃（2007）利用我国1998—2006年房产价格与居民消费的季度数据，建立误差修正模型（ECM），使用Granger因果检验方法对我国房产价格和居民消费之间的关系进行了因果检验。所得结果显示，短期来看，两者存在Granger因果关系；长期来看，房屋价格上涨是消费增长的Granger原因。骆祚炎（2007）利用我国1985—2005年的年度数据，采用线性回归的方法，结果显示，我国存在较弱的房产财富效应和金融资产财富效应。魏锋（2007）和丁攀、胡宗义（2008）分别利用我国2002—2005年的月度数据和1998—2006年的季度数据，运用单位根检验、协整分析和误差修正模型，研究结果都显示房价上涨对居民消费存在显著的财富效应。骆祚炎（2008）利用我国1985—2006年的年度数据，运用VAR模型，检验我国房产价格上涨的财富效应，结果显示，房价向上波动会促进居民消费。崔光灿（2009）利用我国31个省市1995—2006年形成的面板数据进行估计后，发现无论是长期还是短期，我国房价波动对社会总消费的影响作用均表现出明显的财富效应。王柏杰等（2011）构建了包含消费习惯的消费函数模型，利用我国2003—2010年的省级面板数据，将资产划分为房屋资产和非房屋资产。研究结果发现，无论在短期还是长期，我国都存在显著的房产财富效应，短期财富效应为0.11，而长期财富效应达0.29。黄静、屠梅曾（2009）利用“中国健康与营养调查”（CHNS）的数据，对2000—2006年居民房产财富与消费之间的关系进行研究，认为房产财富对居民消费有促进作用，但是房价上涨并未使房产的财富效应增强，反而有所减弱。解垩（2012）利用最新的中国健康与养老追逐调查（CHARLS）数据，对我国居民房产和金融资产的财富效应进行了研究，结果发现，对于房产拥有者来说，房产的消费弹性在0.07～0.09，而金融资产的消费弹性要小得多，金融资产的消费弹性为0.02。

认为我国房产财富效应不显著，甚至表现为挤出效应的有：朱新玲、黎鹏（2006）利用我国2000—2005年的宏观季度数据进行协整分析。结果显示，房产价格与社会消费品零售总额之间，存在长期的负向均衡关系，也就是说，房价上涨对消费有显著的挤出效应。高春亮等人（2007）利用我国2001—2004年34个城市数据，采用面板误差修正模型，发现房产的边际消费倾向为－0.033。刘旦、姚玲珍（2008）构建了一个城镇居民资产与城镇居民人均消费关系的模型，并利用1978—2006年的宏观数据，分阶段实证研究我国城镇居民房产与平均消费之间的数量关系。结果显示，我国城镇居民房产对消费没有财富效应。谭政勋（2010）以1999—2009年上半年全国季度数据为例，通过估计分位数回归模型，认为2005年以来房价上涨及其带来的泡沫对消费产生显著的挤出效应。杜莉等（2010）利用我国2002—2006年172个地级市形成的面板数据进行回归分析，研究结果表明，随着商品房价格的上升居民的平均消费倾向会下降。李成武（2010）利用我国30个省、市、区2004年1季度到2009年2季度的面板数据，分析了各地区的房产财富效应，得出房价上涨对消费有挤出效应的结论。况伟大（2011）基于房东和租客的视角，建立了房价与消费关系的实证模型。利用我国

1996—2008 年 35 个大中城市形成的面板数据，运用广义矩阵方法进行研究。结果显示，房价的向上波动对非住房消费有挤出效应。陈彦斌、邱哲圣（2011）在房产 Bewley 模型的基础上，得出房价上涨引发的购房负担是年轻家庭减少消费、加强预防性储蓄的根源。陈健等（2012）在考虑经济变量之间互动关系的基础上，基于信贷约束视角研究了房价波动对消费的影响机制。使用我国 31 个省、市、区 2001—2009 年形成的面板数据，构建门槛面板模型进行实证分析，得出我国房价的向上波动，总体上会抑制居民消费，并发现这种抑制作用会随着信贷市场的完善而有所减弱。颜色、朱国忠（2013）提出了与挤出效应类似的“房奴效应”，构建了生命周期的动态模型。通过对模型的数值模拟，发现如果房价能够永续增长，那么会产生财富效应；但由于房价上涨无法永远持续下去，家庭为了购房和偿还贷款就会压缩消费，从而产生“房奴效应”。陈斌开、杨汝岱（2013）研究表明住房价格上涨，使得我国居民不得不为买房而储蓄，从而提高居民储蓄率，把房价对储蓄的影响作为房价挤出效应的重要原因。

由于我国区域经济发展不平衡，不少学者也就我国不同区域或不同城市之间房价波动对消费影响的差异进行了研究。例如，王培辉、袁薇（2010）构建面板协整模型，选取 2000—2009 年我国房产销售额、城镇居民消费和收入相关的季度数据进行实证研究。结果显示，从全国整体、东部地区和中部地区来看，房价的上涨对消费表现为财富效应，而从西部地区来看，房价的上涨对消费表现为挤出效应，但影响并不显著。如果以省份为研究对象，可以发现，东部和中部某些省份房价的上涨也表现出或大或小的挤出效应。李成武（2010）实证分析了我国各区域房价对居民消费的影响，发现四个直辖市、东北和东部地区均存在明显的负财富效应，且经济越发达地区，房价上涨对居民消费的挤出效应越明显。陈健、高波（2012）利用我国 31 个省、市、区在 2000—2008 年形成的面板数据，进行联立方程分析。结果显示房价的上涨会加重我国低收入者的住房压力，使他们减少消费以满足购房需求。在西部地区，由于房价上涨和居民收入的相互作用，房价上涨促进了居民消费，这在一定程度上反映了我国区域经济发展的不均衡性。

近年来，我国微观家户调查数据进一步丰富。这为比较不同家户特征下房产财富效应的大小提供了可能。如黄静、屠梅曾（2009）的研究显示，房产财富效应在租房者和自有住房者之间没有差异。户主越年轻家庭的房产财富效应越大，收入越高家庭房产财富效应越大，经济越发达地区房产财富效应越大。谢洁玉等（2012）利用我国城镇住户调查数据，探讨住房所在城市总体平均房价变化对居民消费的影响。研究结论表明，整体而言，房价会抑制居民的消费增长，且这种抑制作用在不同群体中表现出明显差异，对于有未婚男青年的家庭或已经有房但现有住房价值较低的家庭，房价对消费的抑制作用更明显。杜莉等（2013）以上海城镇居民入户调查数据为基础，通过实证研究发现，近年来上海的房价上升总体上提高了居民的平均消费倾向：一方面，由于“财富效应”自有住房家庭的平均消费倾向提高；另一方面，由于“替代效应”尚无自有住房的家庭放弃购房、转而扩大消费，从而其平均消费倾向也出现上升。

2.3 住房反向抵押贷款对居民消费影响的相关文献综述

2.3.1 相关理论研究进展

住房反向抵押贷款作为一种金融工具，可以使老年居民在继续保有房屋居住权的基础上，获得流动性支持，增加退休期的收入和消费，使资源在生命周期中得到合理配置。因此，基于生命周期模型研究住房反向抵押贷款，对居民消费和投资决策影响的理论研究，多以生命周期中资产组合选择理论模型为基础。Cocco（2004）将房产消费纳入个体效用函数，研究存在房产的情况下，居民生命周期中消费以及投资组合选择的决策。Yao 和 Zhang（2005）以美国的经济和社会情况为背景，研究了存在租房和买房市场的条件下，生命周期中居民消费以及投资决策。Michelangeli（2007）基于生命周期的分析框架，首次将住房反向抵押贷款引入居民消费和投资组合决策过程，建立生命周期的消费、投资选择模型，考察了参与住房反向抵押贷款对老年居民福利的影响。

国内学者基于生命周期模型，对居民消费、资产组合选择的研究已经展开。杨凌和陈学彬（2006）提出居民生命周期消费、投资组合的优化选择模型，并用动态模拟的方法对其进行了求解，但模型中并未考虑房产消费及其投资。黄凌灵和刘志新（2007）将房产消费纳入效用函数，分析了我国居民生命周期中消费以及资产投资组合的最优决策问题。韩洁（2008）利用生命周期模型，在考虑居民租房和购房选择的基础上，运用动态模拟方法分析了居民生命周期中的最优决策，较全面地讨论了家庭资产的最优选择问题。上述国内研究都没有将住房反向抵押贷款纳入模型进行分析。黄民安（2013）将住房反向抵押贷款纳入生命周期模型框架，考察住房反向抵押贷款对居民福利的改善作用，结果发现住房反向抵押贷款的引入可以改善居民福利，但并没有考察住房反向抵押贷款对居民消费支出的影响。

2.3.2 相关实证研究文献

国外相关实证研究主要从住房反向抵押贷款通过增加老年居民收入，从而提升他们消费水平的角度展开。Venti 和 Wise（1991）较早对住房反向抵押贷款对消费的影响做了学术性研究，通过 SIPP（Survey of Income and Program Participation）数据，详细分析了老年人的资产组成，得出大部分老年人以养老金为生，住房是老年人唯一可以用来增加消费的资产，通过采用年金式住房反向抵押贷款，估计可以使老年人收入提升将近 10%，从而用于增加消费。Gibbs（1992）认为通过住房资产释放，可以帮助老年人筹措长期护理费用。Sally R. Merrill et al.（1994）研究发现可以通过住房反向抵押贷款，使低收入家庭每月收入增加

20% ~25%，从而增加他们的消费支出。Rasmussen et al.（1996）采用类似 Venti 和 Wise 的研究方法，认为年收入小于 3 万美元的 69 岁以上老年，通过住房反向抵押贷款可以使收入提高至少 25%，单身女性通过选择住房反向抵押贷款可以使贫困率从 19.5% 降低到 5.5%。Sally R. Merrill et al.（2003）实证研究得出：美国贫困老人通过参与房产价值转换抵押贷款（HECM），可以增加贫困线收入的 29%。Mitchell 和 Piggott（2004）以日本老人为研究对象，认为日本老人住房资产占总资产的比例高于欧美等国，在政府财政吃紧的情况下，参与住房反向抵押贷款，可以增加老年人消费，提升其生活质量。Ma 和 Cho（2007）研究了住房反向抵押贷款支付方式对韩国退休居民消费的影响，结果发现，递增给付比每月固定给付的方式更能满足韩国退休居民消费的需要。

目前，住房反向抵押贷款在我国还未全面开展，很多文献停留在借鉴国外经验，分析我国住房反向抵押贷款开办的必要性和可行性方面。如：孟晓苏（2002）认为我国应该尽早开展住房反向抵押贷款业务，以解决老年人拥有较高价值住房但缺乏流动资金的状况。还有一部分研究关注住房反向抵押贷款在我国的定价和支付方式问题。如：张晶晶（2005）依据保险精算定价模型提出单生命和双生命的精算模型。章凌云（2005）研究了以单个借款人为对象的一次性支付和终身年金支付的住房反向抵押贷款的定价模型，认为在某种程度上，其他支付方式的定价都可以由一次性支付和终身年金支付方式的定价通过适当组合调整后得到。仅有的研究住房反向抵押贷款对居民收入影响的文献，主要利用蒙特卡洛试验的方法。韩再（2014）以天津市作为代表性城市，对各种可能的房价增长率和市场利率条件下，退休居民参与住房反向抵押贷款，收入达到一定的所得替代率（Replace Ratio）的情况进行了蒙特卡洛实验。

考虑到住房反向抵押贷款在我国还处于试点阶段，已有的业务数据还较少，利用蒙特卡洛实验的方法，无法将居民的优化决策纳入研究框架。因此，在研究住房反向抵押贷款对居民消费的影响时，本研究采用构建生命周期模型，在个体优化决策的基础上，结合我国经济和社会实际，确定模型中的具体参数值，动态模拟住房反向抵押贷款对我国居民消费支出的影响。

2.4 本章小结

从国内外学者对房产财富效应的理论研究中，可以发现在安多和莫迪利安尼（Ando and Modigliani，1963）构建的将现期消费表示为现期非财产性收入、预期未来非财产性收入和期初净资产的函数表达式中，并没有区分房产和金融资产，房产被看成总资产的一部分和其他金融资产没有任何区别，因而也是可以无条件互换的。实际上在上述学者们推导消费的函数表达式时，并没有将房产消费从一般消费品中单列出来，因而也就忽视了房产的“双重属性”，房产的财富效应和其他资产的财富效应无异。后期的学者们在这类简单模型的基础上，区分了房屋资产和金融资产等资产形式，引入了更为贴近现实的假设条件，构建了更为复杂的生命周期模型。但是，生命周期模型忽略了代际之间的影响，且随着模型的复杂化，往往无法给出模型的解析解，只能通过数值模拟的方法解决个体决策的优化问题，因而也就无法厘清各经济和政策变量，对房产以及其他类型资产财富效应的影响机制，这也为解释实证研究中可能出现的资产财富效应差异带来了困难。

相对于房产财富效应的理论研究，更多的国内外文献还是集中在实证研究方面。研究结果显示不同国家的房产财富效应往往存在着较大的差异。Ludwing 和 Slok（2002）利用 16 个发达国家 1970—2000 年的数据，得出的结论是：市场主导型金融体系国家的财富变化导致的财富效应要大于银行主导型金融体系国家；房价上升带来的财富效应要大于股价上升带来的财富效应；随着时间的推移，所有经济体房产财富效应和金融资产的财富效应都有所提升。即使是同一国家的房产财富效应在不同时期也会有所不同。对于产生这些差异的原因，研究者们只是给出了较为笼统的解释，现存文献还鲜见对产生这一差异的基于个体优化决策的统一理论解释。为厘清各经济和政策变量，对房产以及其他类型资产财富效应的影响机制，并对实证研究中出现的资产财富效应差异提供解释，有必要建立一个考虑代际关系的世代交叠模型，在模型中引入必要的经济和社会政策变量，在不同代个体优化决策的基础上，将社会总消费表示为收入、金融财富和房产财富的函数。这样就可以有效区分房产财富效应和金融财富效应的差异，并可以分析各经济和社会政策变量对房产财富效应大小的影响。

当然，实证研究结果的可靠性受到数据类型和质量的影响，因此也是实证结果产生差异的重要原因。基于宏观数据的研究，没法确定总消费的增长恰是那些资产增加的家庭造成的，而且宏观数据也无法将具体的家庭人口及经济特征纳入模型加以控制，也很难避免缺失变量和内生性等问题。在我国由于住房市场化改革时间不长，样本容量有限，导致估计的精度不高，这也是已有研究结论存在差异的重要原因。基于微观家户调查数据的研究，也因数据不健全而难以弥补宏观数据在研究方面的缺憾。如：美国的“收入动态追踪调查”数据（PSID），就难以区分耐用品和非耐用品消费，该数据也缺少家庭在金融、自住房产和其他房地产方面的详细信息。黄静、屠梅曾（2009）首次使用我国微观家户调查“中国健康与营养调查”（CHNS）数据，对我国房产财富效应进行了实证研究，但该数据样本量不大，且未将金融资产纳入回归模型，从而也就可能存在遗漏解释变量问题。且现有文献在进行不同国家或地区之间房产财富效应比较时，往往使用不同文献所得出的结果，而不同文献所采用的研究方法和数据口径往往存在差异，这也影响了相互比较的可靠性。因此可以尝试使用具有充分代表性的大型微观家户调查数据，并用相同的研究方法和数据口径，实证研究我国和其他国家的房产财富效应，并做对比分析。

住房反向抵押贷款，作为老年人在保留房屋居住权前提下，加强房产流动性的金融工具，从而使资源在居民整个生命周期中得以更好地优化配置。国内外已有的基于生命周期理论的模型分析（Michelangeli，2007；黄民安，2013）主要是从福利分析的角度，研究了住房反向抵押贷款对居民福利的影响。现有文献尚缺乏从住房反向抵押贷款对居民消费影响的角度，研究住房反向抵押贷款对居民消费的影响。在我国老龄化趋势加速、居民消费率较低，且住房反向抵押贷款尚处于试点阶段的现实背景下，基于理论模型模拟分析住房反向抵押贷款对老年居民消费的影响可能更显重要。

3 影响房产财富效应的机制分析

改革开放以来，我国居民收入水平不断提高，居民储蓄率一直保持着很高的水平，家庭的各项资产价值节节攀升。特别是1998年实行住房货币化改革以后，我国居民住房自有率大幅提升，随着房价的持续走高，房屋资产价值大幅增加，其在家庭总资产中所占份额已逾六成。来自西南财经大学中国家庭调查与研究中心的调查报告显示：2013年我国城镇家庭住房自有率已达87%，远高于国际平均水平；从房产价值占家庭总资产的比例来看，我国城镇家庭为65.2%。这些家庭资产的形成一方面是过去一段时间居民积累和资产价格上涨的结果，另一方面也会反过来影响家庭未来的消费和储蓄行为，即产生资产的财富效应（Wealth Effect）。

新古典理论认为消费是收入和财富的函数。米尔顿·弗里德曼（Milton Friedman）提出消费的持久收入理论，认为消费者每期的消费取决于未来的预期收入，即劳动收入和资本收益（包括金融资产和房产的收益）的贴现值。莫迪利安尼（Modigliani）的生命周期假说则认为消费者会在一生中平滑消费，根据其一生中收入流的特点，消费者会在生命的早期以未来的收入来借贷，在中年时期偿还债务并积累财富，最终在老年时消费掉积累的财富和转移收入。詹姆斯·波特巴（James Poterba）也指出家庭的预算约束决定了当个人财富增加的时候，要么自己消费掉这些财富，要么留给其他人在未来消费，因此财富效应一定会发生，其实现只是时间问题。

目前，国际上对家庭资产及其构成对居民消费影响的实证研究较多。研究内容主要集中在以下几个方面：一是房屋资产价值变化对居民消费的影响力度，即房产财富效应大小的估计；二是比较家庭资产的各组成部分财富效应的相对大小；三是进行家庭资产财富效应在不同国家之间或同一国家不同时期之间的比较。研究结果显示，不同国家或同一国家不同时期的房产财富效应可能存在差异，而且金融资产和房屋资产的财富效应大小往往不同。例如，Ludwig 和 Slock（2004）采用了 16 个 OECD 国家 1960—2000 年的数据，利用面板协整的计量方法得出的结论是：以市场为主导经济体的资产财富效应大于以银行为主导经济体的资产财富效应；随着房屋抵押贷款管制的放松，1985—2000 年房屋资产的财富效应大于 1960—1984 年房屋资产的财富效应。

这些研究使用的方法都是建立计量经济学模型，利用实际数据进行统计回归分析。实证结果显示，不同国家或地区的房产财富效应存在差异，即使同一国家或地区的房产财富效应，在不同时期往往也有所不同。从资产不同组成部分的财富效应大小比较来看，有的国家或地区房屋资产的财富效应高于金融资产的财富效应，而有的国家或地区则相反。现有文献对得出的上述财富效应之间的差异缺乏统一的理论解释。不仅当期金融资产和房屋资产的价格波动影响家庭资产的价值，进而影响消费；而且人们对未来资产价格的预期也会通过预期的资产价值变化影响当前的消费。随着房屋按揭贷款首付比例的调整和住房反向抵押贷款等金融工具的引入，居民的消费行为可能都会发生相应的变化，从而影响房屋资产财富效应的大小。单纯的计量分析方法无法得到资产价格变化和政策调整对居民消费影响的全面图景，因此有必要建立一个基于微观主体优化决策的关于消费、投资和政策效应的统一模型，从理论上分析个体消费和投资等经济决策如何对资产价格变化和相应的政策调整做出反应，从而对房屋资产的财富效应产生影响。

本研究通过构建一个两期的世代交叠（OLG）模型，在个体优化决策的基础上，通过不同代个体消费的加总，推导出社会总消费和居民收入、金融资产和房屋资产之间关系的解析表达式，力求对已有文献中得出的实证结果差异提供理论解释。首先，我们建立一个世代交叠模型，在个体最优决策的基础上推导出社会的总体消费和投资水平。然后，分析在什么条件下，金融资产和房屋资产的财富效应会有所不同，以及这些财富效应如何对金融市场和房产市场上的冲击做出反应。其次，该模型同时包含了普通消费品和房屋的生产，以便研究金融市场与房屋市场之间的相互作用。最后，在模型中引入了购买房屋的按揭抵押贷款和房屋的反向抵押贷款，以便研究相关金融政策调整对资产财富效应大小的影响。

3.1 分析思路

传统的分析资产财富效应的理论模型，大多建立在生命周期模型的基础上。安多和莫迪利安尼（Ando and Modigliani，1963）将 t 期的社会总消费表示为：

$$C_t = \alpha_1 Y_t + \alpha_2 Y_t^e + \alpha_3 A_{t-1} \qquad (3-1)$$

其中，C_t 代表 t 期的社会总消费，Y_t 是现期的非财产性收入，Y_t^e 是非财产性期望收入，A_{t-1} 为上期末的净资产价值。在上述公式中，总净资产 A_{t-1} 并未区分为金融资产和房屋资产等资产形式，所有的资产形式是可以无条件互换的，资产的边际消费倾向（MPC）为 α_3，因此所有资产形式都有同样的财富效应。随着研究的深入，学者们在这类简单模型的基础上，区分了房屋资产和金融资产等资产形式，引入了更为贴近现实的假设条件，构建了更为复杂的生命周期模型。但是，生命周期模型忽略了代际之间的影响，且随着模型的复杂化，往往无法给出模型的解析解，因此也就无法厘清各经济和政策变量对房产以及其他类型资产财富效应的影响机制。

如果可以构建一个反映代际关系的理论模型，并通过适当简化，给出模型中社会总消费关于收入、金融资产和房屋资产的解析表达式，那么我们就有可能对房屋资产和金融资产的财富效应加以区分，并对大量实证研究结论中出现的差异给出具有围观基础的理论解释。在这一思路的指引下，本章通过构建一个两期的世代交叠（OLG）模型，在个体优化决策的基础上，求解出不同代个体的消费表达式，并通过个体消费的加总，推导出总消费关于居民收入、金融资产以及房产之间关系的解析表达式。该解析表达式的给出，可以方便研究模型中引入的经济和社会因素对房产财富效应的影响。

3.2 理论模型的设定与求解

3.2.1 模型的设定

3.2.1.1 家庭行为

我们考虑一个世代交叠模型（Over Lapping Generation Model），假设代表性个体可以存活 2 个时期——青年期和老年期。t 期年青人的数目为 N_t，假设人口增长率为常数 n，那么 $t+1$ 期年青人的数目为 $N_{t+1}=(1+n)N_t$。在给定工资、价格和利率的情况下，t 期出生的代表性个体的效用函数可以表示为：

$$U(c_t^t, c_{t+1}^t, h_t^t, h_{t+1}^t) = \ln c_t^t + \gamma \ln h_t^t + \beta[\ln c_{t+1}^t + \gamma \ln h_{t+1}^t] \quad (3-2)$$

其中，c_t^t，c_{t+1}^t 分别代表 t 代人在 t 期和 $t+1$ 期的普通消费品消费；h_t^t，h_{t+1}^t 分别为 t 代人在 t 期和 $t+1$ 期的房产消费①；β 为主观贴现率；γ 代表个体对房产的偏好程度，该系数越大，表示个体越重视房产消费。

在 t 时期代表性的年青个体有一单位时间可以用于工作，取得劳动收入 w_t，该收入可以用来消费 c_t^t，房产投资 $p_t h_t^t$，或金融投资 s_t^t，p_t 代表一

① 在代表性个体决策变量的表示方法中，上标表示某一代，下标表示某期。如：C_t^t 表示 t 代出生的个体在 t 期的消费额，C_{t+1}^t 表示 t 代出生的个体在 $t+1$ 期的消费额。

单位房产相对于普通消费品的价格。在 $t+1$ 期，该年青个体进入老年期，无法进入劳动力市场获得劳动收入，依靠年轻时所积蓄的金融资产和房产，来满足该期的非房产消费 c_{t+1}^t 和房产消费 h_{t+1}^t 。为简便起见，我们不考虑租房市场，个体房产持有数量即为其房产消费数量。假设存在房屋购买的按揭贷款和住房反向抵押贷款市场，年青个体可以在外生利息率 r^h 下通过借贷买房，贷款比例为 v，即购房首付款为房产价值的 $1-v$ 部分。老年个体在继续保有房屋居住权的情况下，可以用房产作为抵押取得贷款用于消费，贷款上限为房产价值的 $\bar{u}$ 部分，为保证没有老年个体在去世后还有未偿还的债务，我们要求老年个体在离世之后，房产预期价值不得低于住房反向抵押贷款的本息总额，即：

$$(1-\delta^h)E(p_{t+2})h_{t+1}^t \geqslant \bar{\mu}(1+r_{t+2}^h)p_{t+1}h_{t+1}^t \tag{3-3}$$

其中，δ^h 为房产的折旧率，$\bar{u}=0$ 则代表未引入住房反向抵押贷款。

现实中，很多家庭会遗留财产给自己的后代。然而，实证研究结果显示，遗产的多少存在着很大的差异（Kotlikoff and Summers，1981；Modigliani，1988；Kessler and Masson，1989）。鉴于此，并为了得到模型的解析解，我们假定个体无主动遗产馈赠动机，老年期的房产财富在支付住房反向抵押贷款本息后的余值，作为非意愿性遗产（Accidental Bequest）平均分配给自己的后代。t 代的代表性个体在 $t+1$ 期，即老年期收入由三部分组成：第一部分，来自青年时期的金融投资所得：

$$(1+r_{t+1})s_t^t \tag{3-4}$$

第二部分，青年期代入老年期的房屋资产净值，为房产预期价值，减去购房抵押贷款额，即：

$$(1-\delta^h)p_{t+1}^e h_t^t - v_t^t p_t h_t^t \tag{3-5}$$

第三部分，从父母处得到的遗产，为父母房产预期价值，减去住房反向抵押贷款本息和之后的余值，在该代子女中的平均分配额，即：

$$[(1-\delta^h)p_{t+1}^e h_t^{t-1} - u_t^{t-1}(1+r^h)p_t h_t^{t-1}]/(1+n) \tag{3-6}$$

t 代的代表性个体在 $t+1$ 期，选择消费 c_{t+1}^t，房屋资产投资（1 -

$u_{t+1}^{t})p_{t+1}^{e}h_{t+1}^{t}$，并归还年青时期房屋贷款的利息 $r^{h}v_{t}^{t}p_{t}h_{t}^{t}$。模型中个体在青年期对一生的选择做出决策，因此在其决策过程中需要考虑现期的房价并对未来房价做出预期。

t 期出生的代表性消费者的最优化问题可以写为：

$$\max \ln c_{t}^{t} + \gamma \ln h_{t}^{t} + \beta[\ln c_{t+1}^{t} + \gamma h_{t+1}^{t}]$$

$$s.t.\ c_{t}^{t} + (1 - v_{t}^{t})p_{t}h_{t}^{t} + s_{t}^{t} = w_{t} \tag{3-7}$$

$$c_{t+1}^{t} + (1 - u_{t+1}^{t})p_{t+1}^{e}h_{t+1}^{t} = (1 + r_{t+1})s_{t}^{t} + (1 - \delta^{h})p_{t+1}^{e}h_{t}^{t} - (1 + r^{h})v_{t}^{t}p_{t}h_{t}^{t} + \frac{h_{t}^{t-1}}{1+n}[(1 - \delta^{h})p_{t+1}^{e} - u_{t}^{t-1}(1 + r^{h})p_{t}] \tag{3-8}$$

$$c_{t}^{t}, c_{t+1}^{t} \geqslant 0 \quad h_{t}^{t}, h_{t+1}^{t} \geqslant 0 \quad \bar{v} \geqslant v_{t}^{t} \geqslant 0 \quad \bar{u} \geqslant u_{t+1}^{t} \geqslant 0 \tag{3-9}$$

3.2.1.2 厂商行为

假设经济中有两类生产厂商，分别生产普通消费品和住房。普通消费品厂商的产出既可以用于消费也可用于资本积累。假设普通消费品和住房市场都是完全竞争的，生产函数采用柯布道格拉斯函数形式。

$$Y_{t}^{j} = F^{j}(K_{t}^{j}, A_{t}^{j}L_{t}^{j}) = (K_{t}^{j})^{\theta^{j}}(A_{t}^{j}L_{t}^{j})^{1-\theta^{j}} \tag{3-10}$$

其中，$j = c,h$ 分别代表生产普通消费品和住房的厂商。A_{t}^{j} 代表技术水平 $A_{t+1}^{j} = (1 + g^{j})A_{t}^{j}$，$g^{j}$ 是外生的技术进步率水平。Y_{t}^{j} 为厂商的实际产出水平，K_{t}^{j}，L_{t}^{j} 分别为两类厂商的资本和劳动投入量。资本的折旧率为 δ^{k}，则 $K_{t+1}^{j} = (1 - \delta^{k})K_{t}^{j} + I_{t}^{j}$，$I_{t}^{j}$ 为 j 类厂商在 t 期的投资水平。

代表性厂商在完全竞争市场条件下，通过选择资本和劳动的投入量来最大化其利润水平。

$$\max_{K_{t}^{j}, L_{t}^{j}} p_{t}^{j}Y_{t}^{j} - (r_{t} + \delta^{k})K_{t}^{j} - w_{t}L_{t}^{j} \tag{3-11}$$

假设资本市场和劳动力市场也是完全竞争的，资本和劳动可以在两类厂商之间自由流动，那么在均衡时两类厂商的资本和劳动的回报率必然相等，即 $r_{t}^{c} = r_{t}^{h} = r_{t}$，$w_{t}^{c} = w_{t}^{h} = w_{t}$，$r_{t}$ 为两类厂商的资本报酬水平，w_{t} 为工资率。消费品价格归一化为 1，$p_{t}^{c} = 1$，则单位房产的价格 p_{t}^{h} 可以简化为 $p_{t}^{h} = p_{t}$。利润最大化的厂商要求资本和劳动报酬率分别等于其边际产出水平，可得：

$$r_t = p_t^j \theta^j (K_t^j / A_t^j L_t^j)^{\theta^j - 1} - \delta^k \tag{3-12}$$

$$w_t = p_t^j A_t^j (1 - \theta^j)(K_t^j / A_t^j L_t^j)^{\theta^j} \tag{3-13}$$

因为在均衡时，两类生产厂商的资本回报率和工资相等，由(3－12)式和（3－13）式可得：

$$\frac{K_t^c / L_t^c}{K_t^h / L_t^h} = \frac{\theta^c (1 - \theta^h)}{\theta^h (1 - \theta^c)} \tag{3-14}$$

$$\overline{p_t} = (r_t + \delta^k)^{\frac{\theta h - \theta c}{1 - \theta c}} \left(\frac{A_t^c}{A_t^h}\right)^{1 - \theta h} \left(\frac{1 - \theta^c}{1 - \theta^h}\right)^{1 - \theta h} \left(\frac{\theta^c}{\theta^h}\right)^{\theta^h} (\theta^c)^{\frac{\theta c - \theta h}{1 - \theta c}} \tag{3-15}$$

$\overline{p_t}$ 为单位新建房屋的均衡价格。一般来说，普通消费品的生产和房屋的生产有着不同的技术水平和生产率（$A_t^c \neq A_t^h, \theta^c \neq \theta^h$），所以单位消费品和房产的价格也就存在着差异。

现实中房价的决定因素相当复杂，所以我们假设房价包含两个部分。

$$p_t = \overline{p_t} + b_t \tag{3-16}$$

$\overline{p_t}$ 反映决定房价的生产技术水平和生产率等基本因素，b_t 包含了所有影响房价的其他因素。

3.2.1.3　定义均衡

模型的竞争性均衡是各期代表性个体的决策集，包括个体各期的消费和劳动决策 $\{c_t^t, c_{t+1}^t, l_t^t, l_{t+1}^t\}_{-\infty}^{+\infty}$ 、金融和房产投资决策 $\{s_t^t, h_t^t, h_{t+1}^t\}_{-\infty}^{+\infty}$ 、总资本和劳动在两类生产厂商之间的分配 $\{K_t^c, K_t^h, L_t^c, L_t^h\}_{-\infty}^{+\infty}$ 、资本回报率和工资率水平 $\{r_t, w_t\}_{-\infty}^{+\infty}$ 以及单位房产的相对价格 $\{p_t\}_{-\infty}^{+\infty}$ 。竞争均衡需满足的条件如下：

（1）所有的代表性个体最大化终身效用，即在（3－7）式、(3－8)式和（3－9）式所表示的约束条件下最大化式（3－2）；

（2）两类厂商实现利润最大化；

（3）劳动力市场出清：

$$L_t^c + L_t^h = N_t \tag{3-17}$$

（4）资本市场出清：

$$K_t^c + K_t^h = K_t = N_{t-1}S_{t-1}^{t-1} \tag{3-18}$$

（5）消费品市场出清：

$$N_{t-1}c_t^{t-1} + N_t c_t^t + N_t s_t^t = F^c(K_t^c, A_t^c L_t^c) + (1-\delta)K_t \tag{3-19}$$

（6）房产市场出清：

$$N_{t-1}h_t^{t-1} + N_t h_t^t = F^h(K_t^h, A_t^h L_t^h) + (1-\delta^h)[N_{t-2}h_{t-1}^{t-2} + N_{t-1}h_{t-1}^{t-1}] \tag{3-20}$$

3.2.2 模型求解

在给定工资率、资本回报率、房屋抵押贷款利率和房价的条件下，代表性个体在面临预算约束（3－7）式～（3－9）式的条件下，选择最优的消费、投资组合以最大化其终身效用。利用一阶条件可得 t 期出生的代表性个体的最优化选择如下：

$$c_t^t = \{w_t + \frac{p_t h_t^{t-1}}{1+n}[\pi_{t+1}^e - u_t^{t-1}(\frac{1+r^h}{1+r_{t+1}})]\}/(1+\beta)(1+\gamma) \tag{3-21}$$

$$c_{t+1}^t = \beta(1+r_{t+1})c_t^t \tag{3-22}$$

$$h_t^t = \frac{\gamma}{p_t[1 - \pi_{t+1}^e - v_t^t(\frac{r_{t+1} - r^h}{1+r_{t+1}})]}c_t^t \tag{3-23}$$

$$h_{t+1}^t = \frac{\gamma\beta(1+r_{t+1})}{(1-u_{t+1}^t)p_{t+1}^e}c_t^t \tag{3-24}$$

其中，$\pi_{t+1}^e = \frac{(1-\delta^h)p_{t+1}^e}{(1+r_{t+1})p_t}$ 代表单位房产财富从 t 到 $t+1$ 期的预期涨幅减去房屋的折旧和投资房产的机会成本。同理，对于 $t-1$ 期出生的代表性个体来说，其对青年期和老年期的房产选择也有（3－23）式和（3－24）式的形式。故可得：

$$p_{t-1}h_{t-1}^{t-1}=\frac{\gamma}{[1-\pi_t-v_{t-1}^{t-1}(\frac{r_t-r^h}{1+r_t})]}c_{t-1}^{t-1}=\frac{\gamma}{\beta(1+r_t)[1-\pi_t-v_{t-1}^{t-1}(\frac{r_t-r^h}{1+r_t})]}c_t^{t-1} \tag{3-25}$$

$$p_t h_t^{t-1}=\frac{\gamma\beta(1+r_t)}{(1-u_t^{t-1})}c_{t-1}^{t-1}=\frac{\gamma}{(1-u_t^{t-1})}c_t^{t-1} \tag{3-26}$$

其中，$\pi_t=\frac{(1-\delta^h)p_t}{(1+r_t)p_{t-1}}$代表单位房产财富从 $t-1$ 到 t 期的涨幅减去房屋的折旧和投资房产的机会成本。

预算约束（3－8）式对于 $t-1$ 代的代表性个体为：

$$c_t^{t-1}+(1-u_t^{t-1})p_t h_t^{t-1}=(1+r_t)\{s_{t-1}^{t-1}+[\pi_t-v_{t-1}^{t-1}(\frac{1+r^h}{1+r_t})]p_{t-1}h_{t-1}^{t-1}+\frac{p_{t-1}h_{t-1}^{t-2}}{1+n}[\pi_t-u_{t-1}^{t-2}(\frac{1+r^h}{1+r_t})]\} \tag{3-27}$$

将（3－25）式和（3－26）式代入（3－27）式可得：

$$c_t^{t-1}=\frac{\beta(1+r_t)[1-\pi_t-v_{t-1}^{t-1}(\frac{r_t-r_h}{1+r_t})]}{\beta(1+\gamma)(1-\pi_t)-\gamma\pi_t+v_{t-1}^{t-1}[\gamma(\frac{1+r^h}{1+r_t})-\beta(1+\gamma)(\frac{r_t-r^h}{1+r_t})]}\cdot\{s_{t-1}^{t-1}+\frac{p_{t-1}h_{t-1}^{t-2}}{1+n}[\pi_t-u_{t-1}^{t-2}(\frac{1+r^h}{1+r_t})]\} \tag{3-28}$$

将（3－28）式代入（3－25）式和（3－26）式可得：

$$p_t h_t^{t-1}=\frac{\beta\gamma(\frac{1+r_t}{1-u_t^{t-1}})[1-\pi_t-v_{t-1}^{t-1}(\frac{r_t-r_h}{1+r_t})]}{\beta(1+\gamma)(1-\pi_t)-\gamma\pi_t+v_{t-1}^{t-1}[\gamma(\frac{1+r^h}{1+r_t})-\beta(1+\gamma)(\frac{r_t-r^h}{1+r_t})]}\cdot\{s_{t-1}^{t-1}+\frac{p_{t-1}h_{t-1}^{t-2}}{1+n}[\pi_t-u_{t-1}^{t-2}(\frac{1+r^h}{1+r_t})]\} \tag{3-29}$$

$$p_{t-1}h_{t-1}^{t-1}=\frac{\gamma}{\beta(1+\gamma)(1-\pi_t)-\gamma\pi_t+v_{t-1}^{t-1}[\gamma(\frac{1+r^h}{1+r_t})-\beta(1+\gamma)(\frac{r_t-r^h}{1+r_t})]}\cdot$$

$$\{s_{t-1}^{t-1}+\frac{p_{t-1}h_{t-1}^{t-2}}{1+n}[\pi_t-u_{t-1}^{t-2}(\frac{1+r^h}{1+r_t})]\} \quad (3-30)$$

将（3－29）式代入（3－21）式可得：

$$c_t^t=\frac{w_t}{(1+\beta)(1+\gamma)}+$$

$$\frac{\beta\gamma(1+r_t)[1-\pi_t-v_{t-1}^{t-1}(\frac{r_t-r_h}{1+r_t})][\pi_{t+1}^e-u_t^{t-1}(\frac{1+r^h}{1+r_{t+1}})]}{(1+\beta)(1+n)(1+\gamma)(1-u_t^{t-1})\{\beta(1+\gamma)(1-\pi_t)-\gamma\pi_t+v_{t-1}^{t-1}[\gamma(\frac{1+r^h}{1+r_t})-\beta(1+\gamma)(\frac{r_t-r^h}{1+r_t})]\}}\cdot$$

$$\{s_{t-1}^{t-1}+\frac{p_{t-1}h_{t-1}^{t-2}}{1+n}[\pi_t-u_{t-1}^{t-2}(\frac{1+r^h}{1+r_t})]\} \quad (3-31)$$

这样，（3－28）式和（3－31）式就分别给出了在 t 期存活的老年个体和青年个体的消费表达式。

3.3 社会总消费的加总

加总同一时期所有家庭的最优消费和储蓄决策，以便得到社会总体的消费和储蓄水平。时期 t 的社会总资产是金融资产和房屋资产的总和，可以表示为：

$$W_t=W_t^F+W_t^H \quad (3-32)$$

其中，W_t^F 代表投资于生产而形成的金融财富，W_t^H 代表由房产投资形成的房产财富。

$$W_t^F=N_{t-1}S_{t-1}^{t-1} \quad (3-33)$$

$$W_t^H=(1-\delta^h)p_t(N_{t-1}h_{t-1}^{t-1}+N_{t-2}h_{t-1}^{t-2})-N_{t-1}v_{t-1}^{t-1}p_{t-1}h_{t-1}^{t-1}-$$

$$N_{t-2}(1+r^h)u_{t-1}^{t-2}p_{t-1}h_{t-1}^{t-2}=(\frac{N_t}{1+n})(1+r_t)\{p_{t-1}h_{t-1}^{t-1}(\pi_t-\frac{v_{t-1}^{t-1}}{1+r_t})+(\frac{p_{t-1}h_{t-1}^{t-2}}{1+n})$$

$$[\pi_t-u_{t-1}^{t-2}(\frac{1+r^h}{1+r_t})]\} \quad (3-34)$$

社会总的可支配收入由总的劳动收入和资本所得构成。

$$Y_t = Y_t^L + Y_t^K \tag{3-35}$$

其中总劳动收入 $Y_t^L = N_t w_t$，总的资本所得 $Y_t^K = r_t W_t^F$。社会总消费是所有在 t 期存活的个体的消费总和。

$$C_t = N_t c_t^t + N_{t-1} c_t^{t-1} \tag{3-36}$$

将（3－28）式和（3－31）式代入（3－36）式，并利用均衡条件（3－17）式～（3－20）式，我们可以将社会总消费写成总收入、金融财富和房产财富的函数①。

$$C_t = e_Y Y_t + e_F W_t^F + e_H W_t^H \tag{3-37}$$

其中，

$$e_Y = \frac{1}{(1+\beta)(1+\gamma)} \tag{3-38}$$

$$e_F = \frac{1}{(1+\beta)(1+\gamma)}[(1+r_t)B - r_t] \tag{3-39}$$

$$e_H = \frac{1}{(1+\beta)(1+\gamma)}B \tag{3-40}$$

$$B = \frac{[1-\pi_t - v_{t-1}^{t-1}(\frac{r_t - r^h}{1+r_t})]\{(1+\beta)(1+\gamma) + (\frac{\gamma}{1-u_t^{t-1}})[\pi_{t+1}^e - u_t^{t-1}(\frac{1+r^h}{1+r_{t+1}})]\}}{(1+\gamma)[1-\pi_t - v_{t-1}^{t-1}(\frac{r_t - r^h}{1+r_t})] + \frac{\gamma v_{t-1}^{t-1} r^h}{\beta(1+r_t)}} \tag{3-41}$$

因为，个体可以从住房消费中获得效用，所以在均衡时，金融资产的回报率应该大于从房产投资中获得的回报，在允许贷款买房的条件下，可得：$1+r_t > \frac{(1-\delta^h)p_t}{(1-v_{t-1}^{t-1})p_{t-1}} - \frac{v_{t-1}^{t-1}(1+r^h)}{1-v_{t-1}^{t-1}}$，由此推出 $0 < \pi_t < 1 - v_{t-1}^{t-1}(\frac{r_t - r^h}{1+r_t})$ ②。$\bar{u}$ 是为老年个体设定的住房反向抵押贷款的上限比率，

① 证明见附录 1。

② 证明见附录 2。

则 $u_t^{t-1} = \bar{u} \leqslant \frac{(1-\delta^h)E(p_{t+1})}{(1+r^h)p_t}$ 。不难验证 B, e_F, e_H 都大于零。我们假设房屋抵押贷款的利率低于或等于金融资产的回报率，$r_t \geqslant r_h$ 因此对于任何 t 时期来说，都会有 $v_t^t = \bar{v}$，$\bar{v}$ 为抵押贷款的比例上限。理论上来说，均衡时上述两种利率应该相等，但是在实际中，有房屋抵押的贷款利率往往会低于金融市场的利率。在个体没有主动遗产动机的情况下，结合 $r_t \geqslant r_h$，可得 $u_t^{t-1} = \bar{u}$，$\bar{u}$ 为住房反向抵押贷款所允许的最大比例，从而（3－41）式中的 B 也可以改写为：

$$B = \frac{\left[1-\pi_t-\bar{v}\left(\frac{r_t-r^h}{1+r_t}\right)\right]\left\{(1+\beta)(1+\gamma)+\left(\frac{\gamma}{1-\bar{u}}\right)\left[\pi_{t+1}^e-\bar{u}\left(\frac{1+r^h}{1+r_{t+1}}\right)\right]\right\}}{(1+\gamma)\left[1-\pi_t-\bar{v}\left(\frac{r_t-r^h}{1+r_t}\right)\right]+\frac{\gamma\bar{v}r^h}{\beta(1+r_t)}} \tag{3-42}$$

3.4 房产财富效应大小分析

（3－37）式将总消费写成了可支配收入、金融财富和房产财富的函数。对其分别求金融财富 W_t^F 和房产财富 W_t^H 的偏导数，可得金融财富和房产财富的边际消费倾向（MPC）①，可表示为：

$$\frac{\partial C_t}{\partial W_t^F} = e_F, \frac{\partial C_t}{\partial W_t^H} = e_H \tag{3-43}$$

一般来说，这两种财富的边际消费倾向是不一致的。

$$\frac{\partial C_t}{\partial W_t^H} - \frac{\partial C_t}{\partial W_t^F} = e_H - e_F = \frac{1}{(1+\beta)(1+\gamma)}(1-B)r_t \tag{3-44}$$

金融资产财富效应和房屋资产财富效应的相对大小取决于 B 。当 B

① 该边际消费倾向，即可以表示金融资产和房产的财富效应大小，部分研究资产财富效应的文献也使用资产的消费弹性，即资产价值变化1%的情况下消费变化的百分比来表示资产财富效应的大小，在进行资产财富效应大小比较时，本研究会将资产消费弹性转换为资产的边际消费倾向。

大于 1 时金融资产的财富效应大于房产的财富效应；当 B 等于 1 时两者相等；当 B 小于 1 时金融资产的财富效应小于房屋资产的财富效应。而 B 的大小又取决于房价的涨幅 π_t 、对下一期房价涨幅的预期 π_{t+1}^e 、对房屋的偏好因子 γ 、购买房屋贷款的按揭比例 v_{t-1}^{t-1}，以及老年期住房反向抵押贷款相对于房产价值的比例 u_t^{t-1} 等因素。

3.4.1 房产偏好因子 γ 对房产财富效应的影响

住房市场化改革以来，房屋自有率的持续增加，反映了我国居民对房产有着较强的偏好，这对房产的财富效应有着较强的影响。如果家庭对房产没有偏好，即 $\gamma = 0$，则：

$$B = \frac{\dfrac{[1-\pi_t-v_{t-1}^{t-1}(\frac{r_t-r^h}{1+r_t})]\{(1+\beta)(1+\gamma)+(\frac{\gamma}{1-u_t^{t-1}})[\pi_{t+1}^e-u_t^{t-1}(\frac{1+r^h}{1+r_{t+1}})]\}}{(1+\gamma)[1-\pi_t-v_{t-1}^{t-1}(\frac{r_t-r^h}{1+r_t})]+\frac{\gamma v_{t-1}^{t-1}r^h}{\beta(1+r_t)}}}{1+\beta} \tag{3-45}$$

代入（3-44）式可得：

$$e_F - e_H = \frac{\beta}{1+\beta}r_t > 0 \tag{3-46}$$

房屋资产的财富效应总是小于金融资产的财富效应，但是当居民对房产有偏好，从而 $\gamma > 0$，并可以通过房屋抵押贷款购房或实现住房反向抵押贷款时，房产的财富效应则有可能大于金融资产的财富效应，这和国内外很多实证研究得出房产财富效应大于金融资产财富效应的结论是一致的。

3.4.2 房价涨幅以及购房按揭贷款比例对房产财富效应的影响

由（3-41）式和（3-44）式可知，在其他条件给定的情况下，当且仅当房价的增长幅度 $\frac{p_t - p_{t-1}}{p_{t-1}}$ 超过某一数值 $\overline{g_t^p}$，或购房抵押贷款的

最高可贷款比例 $\bar{v}$ 高于某一数值 $\bar{v}^0$ 时，房屋资产的财富效应才会大于金融资产的财富效应①。其中，

$$\overline{g_t^p} = \frac{\delta^h + (1 - v_{t-1}^{t-1}) r_t + v_{t-1}^{t-1} r^h}{1 - \delta^h} - \frac{(1 - u_t^{t-1}) v_{t-1}^{t-1} r^h}{\beta(1 - \delta^h)\left[(\beta + \beta\gamma)\dfrac{1 - u_t^{t-1}}{\gamma} + \pi_{t+1}^e - u_t^{t-1}\left(\dfrac{1 + r^h}{1 + r_{t+1}}\right)\right]} \quad (3-47)$$

$$\bar{v}^0 = \frac{\beta(1 + r_t)(1 - \pi_t)}{\beta(r_t - r^h) + \dfrac{\gamma r^h (1 - u_t^{t-1})}{\beta(1 + \gamma)(1 - u_t^{t-1}) + \gamma\left[\pi_{t+1}^e - u_t^{t-1}\left(\dfrac{1 + r^h}{1 + r_{t+1}}\right)\right]}} \quad (3-48)$$

且 $\dfrac{\partial \overline{g_t^p}}{\partial \bar{v}} < 0, \dfrac{\partial \bar{v}^0}{\partial (p_t/p_{t-1})} < 0$。这表明购房首付比例和房价的涨幅是决定房产财富效应是否大于金融资产财富效应的两个因素。若要使房产的财富效应大于金融资产的财富效应，需要满足：当购房首付比例一定时，房价的涨幅必须高于某一阈值 $\overline{g_t^p}$；当房价涨幅一定时，购房首付比例，$1 - \bar{v}$ 必须低于某一阈值 $1 - \bar{v}^0$。且以上两个因素具有相反的作用，当降低购房首付比例时，即增加 $\bar{v}$ 时，房价增长幅度的阈值就可以低一些。当房价增长幅度增加时，允许贷款的最高比例 $\bar{v}^0$ 就可以降低一些。

上述结论也说明当房价增速超过 $\overline{g_t^p}$，且允许抵押贷款买房时，房价的快速增长造成的房产升值，会有效地刺激家庭的消费，使房产的边际消费倾向高于金融资产的边际消费倾向。

3.4.3 住房反向抵押贷款比例对房产财富效应的影响

当引入住房反向抵押贷款时，调整反向抵押贷款比例上限 $\bar{u}$，对房

---

① 证明见附录3。

产和金融资产财富效应的影响可以用下式表示[①]：

$$\frac{\partial e_H}{\partial \bar{u}} = \frac{1}{(1+\beta)(1+\gamma)} \frac{\gamma[1-\pi_t - v_{t-1}^{t-1}(\frac{r_t - r^h}{1+r_t})](\pi_{t+1}^e - \frac{1+r^h}{1+r_{t+1}})}{(1-\bar{u})^2\{(1+\gamma)[1-\pi_t - v_{t-1}^{t-1}(\frac{r_t - r^h}{1+r_t})] + \frac{\gamma v_{t-1}^{t-1} r^h}{\beta(1+r_t)}\}} \quad (3-49)$$

$$\frac{\partial e_F}{\partial \bar{u}} = (1+r_t)\frac{\partial e_H}{\partial \bar{u}} \quad (3-50)$$

$$\frac{\partial (e_H - e_F)}{\partial \bar{u}} = -r_t \frac{\partial e_H}{\partial \bar{u}} \quad (3-51)$$

易知当 $\pi_{t+1}^e - \frac{1+r^h}{1+r_{t+1}} < 0$，即当 $\frac{p_{t+1}^e - p_t}{p_t} < \frac{\delta^h + r^h}{1-\delta^h}$ 时，可得 $\frac{\partial e_H}{\partial \bar{u}} < 0$，$\frac{\partial e_F}{\partial \bar{u}} < 0$，$\frac{\partial (e_H - e_F)}{\partial \bar{u}} > 0$；当 $\frac{p_{t+1}^e - p_t}{p_t} > \frac{\delta^h + r^h}{1-\delta^h}$ 时，可得 $\frac{\partial e_H}{\partial \bar{u}} > 0$，$\frac{\partial e_F}{\partial \bar{u}} > 0$，$\frac{\partial (e_H - e_F)}{\partial \bar{u}} < 0$。这就是说，当房价预期增长幅度不大时，住房反向抵押贷款的引入和允许可贷款比例上限的提高，会降低房产的财富效应，并且金融资产财富效应降低的幅度更大。这是因为，当提高住房反向抵押贷款比例上限时，对年老一代的居民来说，会促使其在老年阶段购买更多的房产，增加的房产消费会部分抵销因贷款比例提高而可能增加的消费[②]。对于年轻一代的个体来说，老年一代增加老年期的房产消费和贷款比例，必然会增加他们获得遗产时的贷款本息还款额，预期房价较低的增长幅度，会使他们预期到将来继承的房屋余值减少，从而降低当

---

① 因为在模型中假设个体没有主动遗产的动机，所以个体在最优化选择时，会使反向抵押贷款率达到被允许的最大额度。

② 该模型假设的是居民在青年期时，就对其一生做出规划，当有住房反向抵押贷款时，居民可能会增加其在老年期的房产持有，且这里假设居民购买房产是没有交易成本的；而在现实经济中，当在某个时点引入住房反向抵押贷款时，已有部分居民进入老年期，且在存在房屋交易成本的情况下，老年居民已不太可能增加房产的持有，所以结果可能会有一些差异，但是该推导过程所揭示的机理还是值得我们关注。

前的消费。

当房价预期增长幅度大于 $\frac{\delta^h + r^h}{1 - \delta^h}$，年老一代的消费者会因房价的快速提升和贷款比例提高而大幅增加消费，年青一代会预期到将来继承的房屋余值增加，从而提高当前的消费。此时，住房反向抵押贷款的引入和允许可贷款比例上限的提高，会使房屋资产和金融资产的财富效应相应地提高，且金融资产财富效应的提高幅度更大。这种双重作用解释了为什么美国20世纪90年代后期到2006年房价的快速增长和人们乐观的预期，以及房屋抵押贷款的增加，对消费增长的贡献。

当住房反向抵押贷款的上限 $\bar{u}$ 设为当老年居民在离世后，房产预期价值等于住房反向抵押贷款的本息总额时，即：

$$(1 - \delta^h)E(p_{t+1})h_t^{t-1} = \bar{\mu}(1 + r^h)p_t h_t^{t-1} \tag{3-52}$$

由（3-52）式可得：

$$\bar{u} = \frac{(1 - \delta^h)p_{t+1}^e}{(1 + r^h)p_t} \tag{3-53}$$

结合（3-42）式和（3-44）式，可知当允许老年居民住房反向抵押贷款比例达到可能的最大值时，若要使房产的财富效应高于金融资产的财富效应只需满足如下条件①：

$$\frac{p_t - p_{t-1}}{p_{t-1}} > \left(\frac{1}{1 - \delta^h}\right)\left\{\delta^h + (1 - \bar{v})r_t + \left[1 - \frac{\gamma}{\beta^2(1 + \gamma)}\right]\bar{v}r^h\right\} \tag{3-54}$$

即当住房反向抵押贷款的比例上限设为最大值时，房屋资产的流动性更强，此时只要房价增长超过一个不太高的阈值时，就会出现房产财富效应大于金融资产财富效应。

3.4.4 房价改变对房产财富效应的影响

房价的涨幅在同一时期的不同国家可能存在差异，即使在同一国

① 证明见附录4。

家，随着时间的推移，房价的变动幅度往往也会出现较大的变化。研究这些因素如何影响包括房产在内的资产财富效应，对于解释实证研究结果中所出现的同一时期不同国家或者同一国家不同时期房产财富效应大小的差异，具有一定的意义。

为简化起见，我们假设 $\pi_{t+1}^{e} = \pi_{t}, r_{t+1} = r_{t}$，即居民对未来房价涨幅和利率水平的预期是完全基于当前已观测到的水平，则可以推导出以下各式①：

$$\frac{\partial e_H}{\partial\ (p_t/p_{t-1})}\begin{cases} > 0 & \dfrac{p_t - p_{t-1}}{p_{t-1}} < q_t^p \\ \leqslant 0 & otherwise \end{cases} \tag{3-55}$$

$$\frac{\partial e_F}{\partial (p_t/p_{t-1})} = (1 + r_t)\frac{\partial e_H}{\partial (p_t/p_{t-1})} \tag{3-56}$$

$$\frac{\partial (e_H - e_F)}{\partial (p_t/p_{t-1})} = - r_t \frac{\partial e_H}{\partial (p_t/p_{t-1})} \tag{3-57}$$

$$\frac{\partial}{\partial\ \bar{u}}\left[\frac{\partial e_H}{\partial\ (p_t/p_{t-1})}\right] > 0,\ \frac{\partial}{\partial\ \bar{v}}\left[\frac{\partial e_H}{\partial\ (p_t/p_{t-1})}\right] < 0 \quad 当 \frac{p_t - p_{t-1}}{p_{t-1}} < q_t^p \tag{3-58}$$

其中，

$$q_t^p = \frac{\delta^h + (1 - \bar{v}) r_t + \bar{v} r^h \left(1 + \dfrac{\gamma}{\beta(1 + \gamma)}\right)}{1 - \delta^h} - \frac{\gamma \bar{v} r^h}{\beta(1 + \gamma)(1 - \delta^h)}$$
$$\sqrt{1 + \frac{\beta(1 + \gamma)(1 + r_t)}{\gamma \bar{v} r^h}\left[1 + \frac{(1 + \beta)(1 + \gamma)(1 - \bar{u})}{\gamma} - \bar{v}\left(\frac{r_t - r^h}{1 + r_t}\right) - \bar{u}\left(\frac{1 + r^h}{1 + r_t}\right)\right]} > 0 \tag{3-59}$$

这说明房产和金融资产的财富效应对房价变化的反应是非线性的。当房价增长较为平缓时，$0 < \dfrac{p_t - p_{t-1}}{p_{t-1}} < q_t^p$，房价增长的加速会使房屋资

① 证明见附录 5。

产和金融资产的财富效应有所增长，且金融资产财富效应增长得更快。此时如果提高住房反向抵押贷款比例上限，就会有更多的资金可以从增长的房产财富中提取出来，用于消费。当房价增长的幅度大于 q_t^p 时，随着房价的继续加速增长，房屋资产财富效应和金融资产财富效应都随之降低。这样在房价飙升的阶段，就避免了消费的过快增长。这种消费的自我稳定机制是因为当房价持续加速增长时，年青一代的家庭会增加房产的购买，从而挤压了他们的消费支出，这一作用足以抵销老年家庭因房价提高而增加的消费还有余，最终使总的房产财富效应降低。

当 $\frac{p_t - p_{t-1}}{p_{t-1}} < 0$，即房价进入下降阶段时，消费的自我稳定机制仍可发挥作用。房价的加速下跌会使房屋资产和金融资产的财富效应都下降，房产财富效应的下降，会使因房产财富的缩水而减少的消费额变少。从（3－58）式可以看出，在这种情势下，为进一步缓解房价下跌对消费的抑制作用，可以采取降低购房可贷款比例上限 $\bar{v}$，或提高住房反向抵押贷款比例上限 $\bar{u}$ 的办法。降低购房可贷款比例上限，有助于房产财富的积累从而部分抵消房价降低所造成的房产财富损失；而提高住房反向抵押贷款的比例上限 $\bar{u}$，可以使老年居民有更多的资金用于增加消费。

3.4.5 房屋贷款利率对房产财富效应的影响

购房抵押贷款和住房反向抵押贷款的利率反映了居民通过房屋资产进行借贷的机会成本，从而也会影响人们的消费行为。假设 $\pi_{t+1}^e = \pi_t$，$r_{t+1} = r_t$，对资产财富效应求房屋贷款利率 r^h 的偏导可得[①]

当 $\frac{p_t - p_{t-1}}{p_{t-1}} < \frac{\delta^h + (1-\bar{v})r_t}{1-\delta^h}$ 时有：

$$\frac{\partial e_H}{\partial r^h} = \frac{1}{(1+\beta)(1+\gamma)} \frac{\partial B}{\partial r^h} < 0 \qquad (3-60)$$

① 证明见附录6。

$$\frac{\partial e_F}{\partial r^h} = \frac{(1+r_t)}{(1+\beta)(1+\gamma)} \frac{\partial B}{\partial r^h} < 0 \tag{3-61}$$

房贷利率的降低，对于年老一代的个体来说，有两方面的影响：一方面，由于房贷利率的降低他们所获得的上一辈的遗产净值增加，并且其用于归还青年时期的购买贷款利率负担减少，从而会刺激他们的消费；另一方面，会使他们在青年时期的房产持有量增加，从而减少青年时期储蓄额，储蓄额的降低会抑制他们在年老时期的消费。当房价增长较平缓时，后一种作用较前一种弱，所以会促使年老一代多消费。对于年青一代的个体来说，影响其消费的一方面是，预期未来获赠房产净值的增加和房贷还款额的减少，从而促使其多消费；另一方面因现期房产持有量的增加而挤占了消费。后一方面影响在房价平缓增长时较弱，从而使社会总消费增加。当房价的增长速度 $\frac{p_t - p_{t-1}}{p_{t-1}} > \frac{\delta^h + (1-\bar{v})r_t}{1-\delta^h}$ 时，上述对年老一代和年青一代的后一种作用就会强于前一种作用，从而使总消费降低。

3.4.6 金融市场冲击对房产财富效应的影响

当来自金融市场的冲击使得金融资产的回报率 r_t 发生变化时，如：股票市场泡沫的破裂，会对房产财富效应产生怎样的影响？

为简化分析，假设住房反向抵押贷款的上限设为最大的可能值，即：$\bar{u} = \pi^e_{t+1}\frac{1+r_{t+1}}{1+r^h}$，则金融市场回报率的变化对资产财富效应的影响如下①：

$$\frac{\partial e_H}{\partial r_t} > 0, \frac{\partial e_F}{\partial r_t} > 0, \frac{\partial (e_F - e_H)}{\partial r_t} > 0, \text{如果} \frac{p_t - p_{t-1}}{p_{t-1}} < \hat{g}_t^p \tag{3-62}$$

① 证明见附录7。

$$\frac{\partial e_H}{\partial r_t} > 0, \frac{\partial e_F}{\partial r_t} > 0, \frac{\partial (e_F - e_H)}{\partial r_t} < 0, \text{如果} \hat{g}_t^p < \frac{p_t - p_{t-1}}{p_{t-1}} < \hat{g}_t^p \tag{3-63}$$

$$\frac{\partial e_H}{\partial r_t} > 0, \frac{\partial e_F}{\partial r_t} < 0, \frac{\partial (e_F - e_H)}{\partial r_t} < 0, \text{如果} \frac{p_t - p_{t-1}}{p_{t-1}} > \hat{g}_t^p \tag{3-64}$$

$$\frac{\partial^2 e_H}{\partial (p_t/p_{t-1}) \partial r_t} > 0 \tag{3-65}$$

其中，

$$\hat{g}_t^p = \frac{\delta^h + (1 - \bar{v}) r_t + \bar{v} r^h}{1 - \delta^h} - \frac{\gamma \bar{v} r^h}{2\beta^2 (1 + \gamma)(1 - \delta^h)} \left[1 - \beta + (1 + \beta) \sqrt{1 - \frac{4\beta^2 (1 + \gamma) r_t (1 - \bar{v})}{(1 + \beta) \gamma \bar{v} r^h}}\right] \tag{3-66}$$

$$\hat{g}_t^p = \frac{\delta^h + (1 - \bar{v}) r_t + \bar{v} r^h}{1 - \delta^h} - \frac{\gamma \bar{v} r^h}{2\beta^2 (1 + \gamma)(1 - \delta^h)} \left[1 - \beta + (1 + \beta) \sqrt{1 - \frac{4\beta^2 (1 + \gamma)(1 + r_t)(1 - \bar{v})}{(1 + \beta) \gamma \bar{v} r^h}}\right] \tag{3-67}$$

当住房反向抵押贷款的上限设为最大的可能值时，金融市场上的正向冲击会增加房产的财富效应，且随着房价的加速上涨，金融市场上的冲击对房产财富效应的影响也会增大。因为金融市场上利息的增长将使房屋抵押贷款的利息成本相对降低，促使人们将更多的房产财富用于消费。若房价的增速小于 g_t^p，金融资产的回报率提高，会促使年青一代的个体多储蓄而少消费，但是老年一代的个体会有更多金融财富用于消费，所以总消费会增长。这也使得金融资产的财富效应比房屋资产的财富效应增长得更快。

金融市场上回报率的提高通过两种途径促进消费：一是通过金融资产财富效应的提高；二是通过房屋资产财富效应的提高。这在某种程度上为美国 20 世纪 90 年代股票市场的繁荣和房价平缓增长所造成的储蓄率的降低提供了解释。

在与上述同样的房产市场条件下，金融资产回报率的降低，会引起金融资产财富效应和房屋资产财富效应的降低，但房产财富效应降低的幅度会较小。这说明，当金融市场不景气时，提高房产财富的消费刺激政策，可能比直接作用于金融市场的政策更有效。这也解释了为什么21世纪初欧美股票市场泡沫的破裂引起家庭金融资产的严重缩水，与此同时，伴随着房价的提升，家庭的房屋资产增长，从而并未使居民消费大幅削减的现象。当房价增长很快，超过 $\hat{g}_t^p$ 时，金融市场回报率的提高会使房屋资产的财富效应增加，而金融资产的财富效应降低。这是因为随着房价的快速增长，房产财富的增加会快于金融财富的增加，造成大量的房产财富通过房产抵押贷款的形式用于消费。而金融财富的增加并未完全用于消费，有相当一部分被用于房产投资，这就造成了金融资产财富效应的降低。

3.5 我国房产财富效应的实证检验

通过上面的分析，可以发现不同房屋市场和金融市场条件，以及购房抵押贷款比例上限和住房反向抵押贷款政策的差异，都会造成房产财富效应的变化以及房产财富效应与金融资产财富效应相当大小的改变。这也解释了为什么在已有的国内外实证文献中所得出的跨国或一国不同时期房产财富效应大小的差异。这一节，利用最新的我国宏观季度时间序列数据来对我国的房产财富效应进行检验，并比较房产财富效应和金融资产财富效应的相当大小。

3.5.1 实证模型的设定和数据选取

本节以（3-37）式为基础，提出一个基准的计量模型：

$$c_t = \alpha_0 + \alpha_1 y_t + \alpha_2 w_t^f + \alpha_3 w_t^h + \varepsilon_t \tag{3-68}$$

其中，c_t 代表 t 时期的消费，y_t 代表 t 期的收入水平，w_t^f 为 t 期初的金融资产水平，w_t^h 为 t 期初的房屋资产水平。为解决异方差等问题，我们对数据进行了对数化处理。

本章选取我国 2000—2013 年城镇居民家庭人均消费、可支配收入、金融资产和房屋资产的季度数据对资产的财富效应进行检验。其中人均金融资产为城镇居民的储蓄存款余额和股票的流通市值之和除以城镇人口数；仿照臧旭恒（2001）和 Chen 等（2009），我们将城镇居民的人均住房面积乘以住宅平均销售价格作为居民持有房产的价值。所有的这些变量都经过了季节和城市居民消费价格指数（以 2000 年一季度为基准）的调整。图 3－1 和图 3－2 分别显示了我国城镇居民人均消费、可支配收入以及金融资产和房屋资产经上述调整后的情况。从图中可以看出我国居民的消费、可支配收入以及金融、房屋资产有着共同的上升趋势。

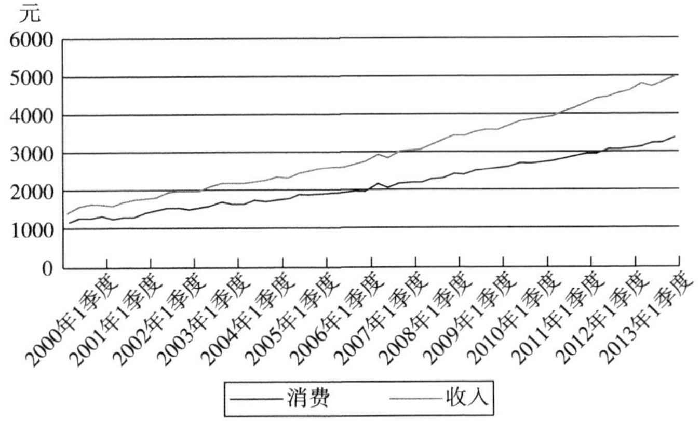

图 3－1　我国城镇居民人均消费、可支配收入

资料来源：中国经济与社会发展统计数据库。

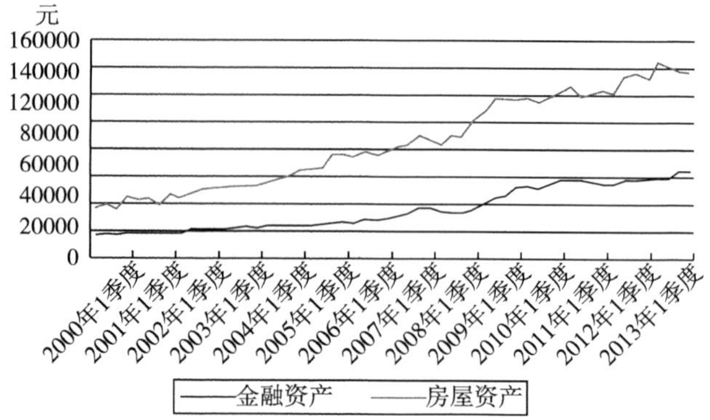

图 3－2　我国城镇居民人均金融资产和房屋资产的持有情况

资料来源：中国经济与社会发展统计数据库。

3.5.2　实证结果及分析

对样本期内的数据经对数化处理后，首先进行单位根检验和协整关系检验。表 3－1 显示了 ADF 检验的结果。

表 3－1　主要变量的 ADF 检验结果

变量	ADF 检验值	检验结果
$\ln C$	－0.5477	不平稳
$\Delta\ln C$	－13.1297***	平稳
$\ln Y$	－1.0445	不平稳
$\Delta\ln Y$	－8.7021***	平稳
$\ln F$	－0.3527	不平稳
$\Delta\ln F$	－5.3206***	平稳
$\ln H$	－1.2240	不平稳
$\Delta\ln H$	－11.4143***	平稳

注：Δ 表示一阶差分，＊＊＊表示在 1% 的显著性水平下通过检验。

检验结果显示所有的变量都是一阶单整的，可能存在协整关系，即这些变量之间可能存在稳定的长期均衡关系。所以，下一步对多变量之间的协整关系做 Johansen 协整检验。表 3－2 所示为具体的检验结果。

表 3 – 2 Johansen 协整检验结果

假设协整关系数	特征值	迹统计量	5%临界	P值	最大特征	5%临界	P值
无协整关系**	0.492	64.530	47.856	0.001	36.569	27.584	0.003
至多一个	0.280	27.96	29.797	0.080	17.762	21.132	0.139
至多二个	0.161	10.199	15.495	0.266	9.474	14.265	0.249
至多三个	0.013	0.725	3.841	0.395	0.725	3.841	0.395

注：**表示在5%的显著性水平下通过检验。

表3–2的结果显示，变量之间仅存在一个协整关系，可以进行模型回归。回归结果为：

$$c_t = 0.886 + 0.665y_t + 0.050w_t^f + 0.086w_t^h \qquad (3-69)$$

$$(12.104)\ (15.076)\ (2.054)\ (2.549)$$

$$R^2 = 0.9975 \quad \overline{R^2} = 0.9973 \quad D.W. = 1.9852$$

其中，括号中是 t 统计量。R^2 和 $\overline{R^2}$ 分别为可决系数和调整的可决系数，D. W. 为杜宾–瓦尔森（Durbin–Watson）检验统计量。

从回归结果可以看出，房产的消费弹性系数和金融资产的消费弹性系数分别为0.086和0.050，房产的消费弹性系数大于金融资产的消费弹性系数①。这与黄静、屠梅曾（2009）使用微观家户调查数据得出的结论是一致的。因为上式中的变量经过对数化处理，所以系数表示了变量之间的弹性，我们还需将其转换为相应的资产边际消费倾向（MPC）。这样做一方面是为了与理论模型相对应，另一方面也便于同其他实证文献中的结果相比较②。

因为资产的边际消费倾向（MPC）表示的是资产价值每变动单位数额所引起的消费变化数额。而资产的消费弹性表示的是资产价值每变动1%所引起的消费变化百分比。如果用 C 代表消费，用 W_h 代表房产价值，则：

---

① 因为数据经过了对数化处理，所以解释变量前的系数表示解释变量每变化1%所引起的被解释变量变化的百分比，即弹性系数。

② 因为有些实证文献中是以边际消费倾向表示资产财富效应的大小。

$$MPC_{W_h,C} = \eta_{W_h,C} \frac{\bar{C}}{\bar{W}_h} \tag{3-70}$$

其中 $MPC_{W_h,C}$ 为变量 C 对变量 W_h 的边际变化量，$\eta_{W_h,C}$ 为变量 C 对变量 W_h 的弹性，$\bar{C}$ 和 W_h 分别为变量 C 和 W_h 的均值。我国 2000—2013 年城镇居民家庭人均消费、金融资产和房屋资产的季度数据经过季节和城市居民消费价格指数（以 2000 年一季度为基准）调整后的人均消费金融资产比为 0.061，人均消费房屋资产比为 0.025。所以，经过计算可得，我国现阶段金融资产的边际消费倾向（MPC）为 0.0031，房屋资产的边际消费倾向为 0.0022，在理论部分的世代交替模型中，我们将个体的决策分为两期，考虑到资产是存量指标而消费是流量指标。如果按一期为 30 年计算，每一期就包括 120 个季度，这样金融资产和房产 120 个季度累计的消费倾向就应为 0.372 和 0.264。上述计算结果表明我国现阶段金融资产的边际消费倾向大于房产的边际消费倾向。根据理论部分推导的结果①，可知若房产的边际消费倾向低于金融资产的边际消费倾向，则由（3－42）式表示的 B 值应该大于 1，考虑到当前我国还未全面实行住房反向抵押贷款制度，所以 $\bar{u}=0$，（3－42）式可以简化为：

$$B = \frac{[1-\pi_t-\bar{v}(\frac{r_t-r^h}{1+r_t})]\{(1+\beta)(1+\gamma)+(\frac{\gamma}{1-\bar{u}})[\pi_{t+1}^e-\bar{u}(\frac{1+r^h}{1+r_{t+1}})]\}}{(1+\gamma)[1-\pi_t-\bar{v}(\frac{r_t-r^h}{1+r_t})]+\frac{\gamma\bar{v}r^h}{\beta(1+r_t)}}$$

$$= \frac{[1-\pi_t-\bar{v}(\frac{r_t-r^h}{1+r_t})][(1+\beta)(1+\gamma)+\gamma\pi_{t+1}^e]}{(1+\gamma)[1-\pi_t-\bar{v}(\frac{r_t-r^h}{1+r_t})]+\frac{\gamma\bar{v}r^h}{\beta(1+r_t)}} \tag{3-71}$$

若要使 $B>1$，则有下式：

① 推导的结果用（3－44）式表示。

$$\frac{[1-\pi_t-\bar{v}(\frac{r_t-r^h}{1+r_t})][(1+\beta)(1+\gamma)+\gamma\pi_{t+1}^e]}{(1+\gamma)[1-\pi_t-\bar{v}(\frac{r_t-r^h}{1+r_t})]+\frac{\gamma\bar{v}r^h}{\beta(1+r_t)}}>1 \quad (3-72)$$

假设居民对未来房价的涨幅预期 π_{t+1}^e 等于已有的房价涨幅 π_t，则我们可以将已有相关文献中的 β、γ 等参数的数值以及金融资产和房屋抵押贷款的利息率代入上式看我国现阶段的 B 值是否真得大于1。表3－3列出了已有文献中 β、γ 等参数和金融资产利息率、购房抵押贷款利息率等变量的数值。

表3－3　相关参数和变量的数值（年度）

参数描述	参数符号	设定数值
主观贴现因子	β'	0.99
房产偏好	γ'	0.25
购房可贷款比例	v'	0.7
房屋折旧率	$\delta^{h'}$	0.02
金融资产预期收益率	r_t'	0.0361
房屋抵押贷款利率	$r^{h'}$	0.0294

注：β'、γ'、v'、$\delta^{h'}$、r_t'、$r^{h'}$ 均为年度数据。主观贴现因子 β' 和房产偏好 γ' 沿用韩洁（2008），房屋年折旧率沿用国家统计局的数值，金融资产预期收益率和购房抵押贷款利率都扣除了物价因素，具体计算过程将在第5章展开。

假设模型中的一期为30年，在计算（3－71）式时，需要对表3－3中反映的部分年度数值，根据时期长度做出相应的调整①。通过计算可得在给定上述参数的情况下，若使（3－72）式成立，则两期房价涨幅应该满足：

$$\frac{p_t-p_{t-1}}{p_{t-1}}<5.614 \quad (3-73)$$

而根据《中国统计年鉴》发布的1998—2013年我国住宅商品房平

① 需要调整的有主观贴现因子、房屋折旧率、金融资产预期收益率和购房抵押贷款利率。其中房屋折旧率采用直线折旧法，即通过年折旧率计算得到30年的房屋折旧率，其他参数值均采取累积相乘的办法得到，这里不再列示。而房产偏好因子和购房可贷款比例不需调整。

均售价，使用城市居民消费价格指数以 1998 年为基准年进行折算后，得到我国住宅商品房的平均售价年涨幅为 5. 52%，以 30 年为一期，得到的两期房价的涨幅为 4. 012，即：

$$\frac{p_t - p_{t-1}}{p_{t-1}} = 4.012 \tag{3-74}$$

这从一定程度上说明理论模型的结论和实证结果具有相合性。

3. 6　本章小结

本章通过建立两阶段的世代交替模型，从理论上解释了国内外大量实证研究中发现的不同国家以及同一国家不同时期房产财富效应存在的差异，以及金融资产财富效应和房产财富效应相对大小的不同。理论推导显示房产财富效应受到房价增幅、房价增幅预期、购房抵押贷款首付比例以及有无住房反向抵押贷款等因素的影响。这为今后利用时间序列数据研究房产财富效应的实证研究过程中寻找可能的结构变化时点提供了依据。利用我国 2000—2013 年的季度时间序列数据，实证研究发现，现阶段我国城镇居民消费、可支配收入、金融资产和房屋资产之间存在着协整关系，房屋资产的边际消费倾向（MPC）低于金融资产。通过将处于合理范围内的参数值代入理论模型进行试算，发现理论模型的结论和实证结果存在一定的相合性。

对于当前社会比较关注的住房反向抵押贷款问题，理论分析部分显示，该项金融工具可以增加老年居民房产的流动性，促进老年居民房产财富效应的提高，从而增加他们的消费支出。现阶段，我国老年居民的住房自有率和房产占总资产的比例都处于非常高的水平。此时引入住房反向抵押贷款，可以使老年居民在保留房屋居住权的情况下，消耗一部分前期所积累的房产财富，提升他们的消费水平。

从过去一段时期来看，全国房价的总体水平处于较快增长阶段，但不排除未来下降的可能，从理论推导部分，我们发现当房价处于下行阶段时，消费的自我稳定机制可能生效，房价的加速下跌会使房屋资产的财富效应下降，房产财富效应的下降，会使因房产财富缩水而减少的消费额变少。在这种情形下，为进一步缓解房价下跌对消费的抑制作用，可以采取降低购房可贷款比例上限，或提高住房反向抵押贷款比例上限的办法。降低购房可贷款比例上限，有助于房产财富的积累从而部分抵销房价下跌所造成的房产财富损失；而提高住房反向抵押贷款的比例上限，可以使老年居民有更多的资金用于增加消费。

当然，为得到模型的解析解，给出完整的理论推导过程，揭示经济现象背后所隐含的数量关系和内在机理，我们对模型进行了简化，如：尚未考虑家庭的主动遗产动机；购买新房从而需要搬迁居所需承担的经济成本和心理成本也未考虑在内；等等。而且通过对模型参数值的选取，以检验理论模型结论和实证结果的相合性时，也会因参数取值的不同而存在差异。但模型所揭示的经济学内在机理却是明确无误的，可以为进一步的研究指明方向。

4 基于微观数据的我国和欧元区国家房产财富效应实证研究[①]

由于房产财富效应的大小，受到多种经济和社会因素的影响，所以若需了解某国一定时期内房产财富效应的具体数值，就必须借助具体的数据进行实证研究。但囿于数据和方法的局限，现有的房产财富效应实证研究存在以下不足：基于宏观数据的研究，无法确定总消费的增长是否恰是那些资产增加的家庭造成的，而且宏观数据也无法将具体的家庭人口及经济特征纳入模型加以控制，也很难避免缺失变量和内生性等问题。在我国由于住房市场化改革时间不长，样本容量有限，导致估计的精度不高，这也是已有研究结论存在差异的重要原因。现有基于微观家户调查数据的实证研究，也因数据不健全而难以弥补宏观数据在研究方面的缺憾。如：美国的“收入动态追踪调查”数据（PSID），就难以区分耐用品和非耐用品消费，且该数据也缺少家庭在金融、自住房产和其他房产方面的详细信息；欧盟国家微观数据多为意大利和西班牙的数据，缺少德国、法国等欧盟主要经济体的数据；黄静、屠梅曾（2009）首次利用家庭微观调查数据对我国房产财富与消费关系进行实证检验，但所使用的“中国健康与营养调查”（CHNS）数据样本量不大，且未将金融资产纳入回归模型，从而也就可能存在遗漏解释变量问题。在不同国家房产财富效应大小的比较方面，现有研究主要利用不同文献中得

① 本章主要参考杨耀武，阎晶晶，杨澄宇. 房屋资产与居民消费——来自中国和欧元区国家的证据［J］. 经济研究，2013（S1）：65－76.

出的实证结果进行比较。由于不同文献的作者往往不同，使用的计量模型和数据口径也存在较多差异，这就使比较的可靠性大打折扣。

为有效弥补以上不足，本章在现有文献的基础上，试图在以下几个方面有所突破：一是使用大型的中国家庭动态跟踪调查（CFPS）和欧洲中央银行首次发布的欧元区家庭金融和消费调查（HFCS）数据，将我国和欧元区家庭房产和金融资产加以区分，以研究家庭资产的不同组成部分对消费的影响，大型微观数据的使用可以有效解决利用宏观数据研究中所存在的问题。二是在同一篇文章中，利用同样的研究方法和数据口径，使我国和欧元区国家房屋资产财富效应的比较更具可靠性。三是在比较的基础上，分析造成这些差异的可能原因，并提出相应的政策建议。

4.1 研究设计

4.1.1 样本来源

本章利用两个微观家户调查数据，中国家庭动态跟踪调查（China Family Panel Studies，CFPS）2010 年数据和欧洲中央银行发布的欧元区国家家庭金融和消费调查（Eurosystem Household Finance and Consumption Survey , HFCS）2010 年数据，对我国和欧元区国家房产财富效应进行实证分析。

CFPS 是一项全国性的综合社会跟踪调查项目，重点关注中国居民的经济及非经济福利，以及包括经济活动、教育获得、家庭关系与家庭动态、人口迁移、身心健康等在内的诸多主题。其调查对象为中国（不含港澳台以及新疆、西藏、青海、内蒙古、宁夏、海南）25 个省（市、区）中满足项目访问条件的家户和家户中满足项目访问条件的成员。2010 年，CFPS 在全国 25 个省（市、区）正式施行基线调查，调查季从 2010 年 4 月开始，到 2010 年 9 月结束，共涉及 162 个区（县），

649 个村居，完成家户调查 14960 户，家户成员调查 42590 例。本章为方便和经济发达的欧元区国家进行比较，并考虑到中国城乡差异和农村房产的流动性等问题，只取其中的城市家庭，同时剔除消费和资产持有数据缺失的样本，最终得到合适的样本家庭 2387 户。

欧元区国家家庭金融和消费调查（HFCS）收集包括德国、法国、意大利、西班牙、奥地利、芬兰等 15 个欧元区国家微观层面的家户金融及消费数据，实地调查工作于 2010 年底开始，2011 年初结束。该数据是采用科学抽样方法获得，包括 62558 个家庭、154247 名个体。数据提供了详实的家庭和个人信息，包括家庭的人口社会学、收入、资产持有及消费的情况。在下文的实证分析中，我们对家庭消费区分为食品消费和非耐用品消费，由于 HFCS 对食品消费数据的收集涉及全部 15 个被调查国，剔除食品消费和资产持有数据缺失的样本，得到有效样本 15727 户。对非耐用品消费数据进行收集的国家只有法国、西班牙和葡萄牙，故研究非耐用品消费和家户资产持有关系时仅限于上述三国，剔除非耐用品消费和资产持有数据缺失的样本，最终得到合适的样本家庭 10131 户。

4.1.2 模型设定

现有文献已经建立了控制收入变量情况下，研究资产与消费关系的标准方法。这些研究既包含对时间序列的分析也涵盖了截面数据的回归。

为了估计房产财富对消费的弹性系数，同时为了减少异方差性，在此我们基于 Dynan 等（2001）、Lehnert（2004）以及 Bostic 等人（2009）的研究，将在微观家庭单位上的实证模型设定为：

$$\ln C = f(\ln Y, \ln W, Z) = \alpha_0 + \alpha_1 \ln Y + \alpha_2 \ln W + \sum_i \alpha_{3i} Z_i + \varepsilon \tag{4-1}$$

其中，C 为家庭消费，Y 为家庭收入，W 为家庭所持有资产的价值，Z

为家庭的人口社会学等控制变量。

本章沿用 Bostic 等（2009）对上述模型进行拓展。

首先将家庭资产分成不同种类，并估计不同种类的资产对消费的影响，有以下方程：

$$\ln C = f(\ln Y, \ln W_f, \ln W_h, \ln W_r, Z) = \alpha_0 + \alpha_1 \ln Y + \alpha_2 \ln W_f + \alpha_3 \ln W_h + \alpha_4 \ln W_r + \sum_i \alpha_{5i} Z_i + \varepsilon \quad (4-2)$$

其中，W_f 为家庭所持有金融资产的价值，W_h 为家庭所拥有房屋资产的价值，W_r 为家庭的其他实物资产价值。

其次为进一步检验房产财富效应在不同年龄、不同地区、不同房屋产权家庭之间的差异，通过构造房产财富与相应虚拟变量的交叉项，将基本模型拓展为：

$$\ln C = f(\ln Y, \ln W_f, \ln W_h, \ln W_r, D, Z) = \alpha_0 + \alpha_1 \ln Y + \alpha_2 \ln W_f + \alpha_3 \ln W_h + \alpha_4 \ln W_r + \sum_i \alpha_{5i} Z_i + \sum_k \alpha_{6k} D_k \ln W_h + \varepsilon \quad (4-3)$$

其中，$D_k \ln W_h$ 为相应的虚拟变量和房产财富对数值的交叉乘积项。

在（4-2）式和（4-3）式中，我们考察各项资产对非耐用消费品消费的财富效应。耐用消费品因其提供的服务流分摊在相当长的一段时间里，且部分耐用消费品，如：汽车等有一定的变现能力，应归于其他实物资产中，所以本研究的消费将不包括耐用消费品，在非耐用消费品中作为基本消费的食品消费被单独列出来加以分析。

模型中家户的收入，由以下各项组成：上年全家工资性收入，离退休金、社会保障金等经常性的社会转移支付，出租房屋、土地及其他生产资料的租金总收入，存款利息等其他非工资性收入。

资产根据性质的不同被分为金融资产、房屋资产和其他实物资产。银行存款、股票、债券、基金、外借款等组成金融资产；房屋资产包括自住房及其他房屋资产，其价值为被访者自估市场价，而不是采用如 Englehardt（1996）和 Skinner（1996）提出的以居住地的房产价格代替房产价值。正如靳涛、丁飞（2010）所指出，房产财富效应的发挥，更应该来自自我评估的房价波动。中国家庭动态跟踪调查（CFPS）不仅统计了房屋自有家户对房产价值的评定，也包括租房户对所租房的价值评定，这就给我们提供了研究房屋自有家户和租房户房产财富效应差异的机会。

其他实物资产主要由生产性实物资产和非生产性实物资产组成。当然，家庭的消费也会受到很多其他家庭特征影响，为此我们控制了家庭的社会人口学特征，如家庭人口数量以及家庭主要经济决策者即户主的婚姻状况、性别、年龄、受教育程度等。因为中国正处于社会转型期，与欧元区国家相比，社会保障还处于较低水平，所以在对CFPS的数据分析中，我们还特别关注了户主是否为城市户口和对未来的信心状况。需要特别指出的是，为保证结论的可比性，我们对CFPS和HFCS数据指标的选取保持了尽可能的一致。

4.1.3 数据描述

表4－1是中国CFPS（2010）和欧元区15国HFCS（2010）样本中与本研究相关的关键变量的描述性统计，表中的欧元区HFCS消费、收入及资产数据已按2010年欧元对人民币汇率中间价折算为人民币。

表4－1 CFPS和HFCS相关指标的比较

	CHPS				HFCS			
	最小值	最大值	均值	标准差	最小值	最大值	均值	标准差
食品消费	12	144000	12297	9286	430	1522483	70081	86461
非耐用品	1040	764400	31620	34135	5376	10329293	153520	200034
收入	60	2084000	53609	68404	834	78548515	478629	1318100
金融资产	1	2.6×10^6	55240	149460	9	315617280	1674827	9616778
房屋资产	1000	1×10^9	1238988	2.15×10^7	897	1488422400	3230436	26385614
其他资产	1	3.5×10^8	612423	1.09×10^7	9	2017440000	2227822	27391213
户主年龄	17	89	48.2	13.3	18	85	57.1	14.1
家庭人口	1	13	3.35	1.38	1	11	2.69	1.22

注：表中的食品消费、非耐用品消费、收入、金融资产、房屋资产、其他资产的单位为元。

通过 CFPS 和欧元区 HFCS 样本数据的对比我们可以发现，我国城镇居民消费、年收入和资产持有的平均水平都远低于欧元区国家，其中食品消费、非耐用品消费、年收入、金融资产、房屋资产和其他实物资产，欧元区国家家庭分别是我国城镇家庭的 5.70 倍、4.86 倍、8.93 倍、30.32 倍、2.61 倍和 3.64 倍。当然，上述消费、年收入和资产持有绝对量的比较，因受到购买力等因素的影响，还不能完全反映两地的差异。但是研究家庭资产的配置情况，年消费收入百分比以及年收入金融资产百分比可以不受购买力因素的影响，反映出有价值的信息。

表 4-2　CHPS 和 HFCS 家庭资产配置及消费收入比

	食品消费/收入	非耐用品消费/收入	收入/金融资产	金融资产/总资产	房屋资产/总资产	其他资产/总资产
CFPS	22.94	58.98	97.05	2.90	64.98	32.12
HFCS	14.64	32.07	28.58	23.48	45.29	31.23

注：房屋资产包括自住房屋、出租房屋、偶然居住及其他闲置房屋资产。

从表 4-2 我们可以看出，平均来说我国家庭的食品消费和非耐用品消费占收入的比重明显高于欧元区家庭，日常的非耐用品支出占了收入的将近 6 成，是欧元区家庭的近两倍。在资产配置方面，随着我国城市房价的节节攀升，房屋资产成为家庭的主要资产持有形式，占总资产的 6 成以上，比欧元区国家高近两成。从 1998 年开始，我国实行住房的市场化改革，房屋的自有率在随后的 10 多年时间里逐步攀升。近几年，由于城市的高房价，很多从外地进入城市的家庭开始选择租房，房屋自有率开始有所下降，但仍保持较高的水平。表 4-3 描述了 CFPS 和 HFCS 样本中各种房屋来源的比例，我国城市家庭住房完全自有率达 80.44%，比欧元区家庭高出 9.01 个百分点。

表 4－3　CHPS 和 HFCS 家庭房屋来源情况百分比

	家庭房屋产权状况				
	完全自有	部分产权	租住	免费提供	其他来源
CFPS	80.44	2.64	11.48	4.61	0.84
HFCS	71.43	3.23	20.07	5.27	0

注：免费提供包括政府、单位和父母/子女免费提供。

图 4－1 为中国 CFPS 和欧元区 15 国 HFCS 有效样本中，家庭持有的房屋资产和非耐用品消费之间关系的散点图。

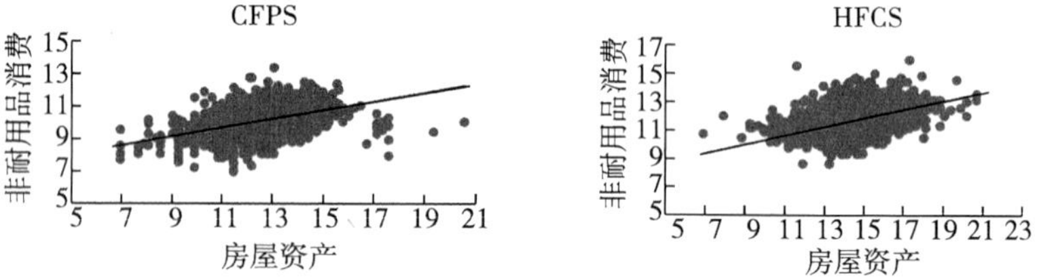

图 4－1　CFPS 和 HFCS 居民家庭房产持有与非耐用品消费散点

注：横轴表示房屋资产的自然对数值，纵轴表示非耐用品消费的自然对数值。

从图中可以看出，家庭持有的房屋资产和非耐用品消费之间有着较强的正相关关系。

家庭的人口社会学特征也是影响家庭消费的重要因素，从 CFPS 和 HFCS 反映的情况来看，我国平均家庭规模为 3.4 人，比欧元区家庭规模大；男性户主比例占近 2/3，户主在婚率为 89.90%，均高于欧元区家庭；户主受教育程度则低于欧元区家庭。这些都基本反映了现实情况。见表 4－4。

表 4－4　CHPS 和 HFCS 非数量性指标方面的比较　　（%）

	户主性别		户主受教育程度				户主婚姻状况	
	男性占比	女性占比	小学及以下	初中	高中	大学及以上	在婚	非在婚
CFPS	67.32	32.68	23.30	32.72	22.87	21.11	89.90	10.10
HFCS	57.86	42.14	21.71	22.87	23.81	31.61	70.73	29.27

注：户主是指在家庭经济决策中起主要作用的家庭成员，当家庭只有一名成员时，该名成员当然就是户主。

4.2 实证结果及分析

4.2.1 资产财富效应存在性检验

为分析资产对家庭消费的影响程度，以及我国家庭与欧元区家庭资产财富效应的差异，依据方程（4－2）分别以非耐用品消费（以下简称消费）为被解释变量，收入、金融资产、房产和其他资产为解释变量，同时控制其他影响消费的家庭人口社会学特征，回归结果见表4－5模型（1）。为方便比较，以食品消费为被解释变量的回归结果放在附录8中。

表4－5 资产财富效应存在性检验

模型（1）	被解释变量：非耐用消费品消费	
	CFPS	HFCS
常数	4.897*** (0.1527)	4.626*** (0.1011)
ln（家庭收入）	0.259*** (0.0216)	0.274*** (0.0112)
ln（金融资产）	0.043*** (0.0093)	0.021*** (0.0034)
ln（房屋资产）	0.135*** (0.0135)	0.088*** (0.0073)
ln（其他资产）	0.024*** (0.0043)	0.022*** (0.0035)
家庭人口数	0.0498*** (0. 0107)	0.077*** (0.0054)
户主年龄	－0.003*** (0.0010)	0.003*** (0.0005)
户主受教育水平为初中	0.080** (0.0360)	0.079*** (0.0179)

续表

模型（1）	被解释变量：非耐用消费品消费	
	CFPS	HFCS
户主受教育水平为高中	0. 198*** (0. 0399)	0. 137*** (0. 0159)
户主受教育水平为大学及上	0. 333*** (0. 0433)	0. 231*** (0. 0171)
户主性别［女性为1］	0. 013 (0. 0264)	0. 022* (0. 0118)
户主婚姻状况［非在婚为1］	-0. 074* (0. 0458)	-0. 102*** (0. 0137)
有效样本量	2387	10131
R^2	0. 4314	0. 4271
MAX VIF	1. 98	2. 12

注：*、**、和***分别表示10%、5%和1%的显著水平，括号中的数字是稳健标准误。

从模型（1）的结果可以看出，不管是我国 CFPS 还是欧元区 HFCS 的数据都证实了资产的不同部分对消费有着不同的影响，房屋资产的消费弹性远超过金融资产和其他实物资产，这和很多已有文献的结论是一致的。我国家庭房屋资产消费弹性为 0. 135，这和骆祚炎（2007）利用宏观数据得出我国房产财富的消费弹性为 0. 14 基本吻合。欧元区国家相应的房产消费弹性为 0. 088，低于 Case、Quigley 和 Shiller（2005）利用宏观年度数据得出的 20 世纪 90 年代欧洲国家房产财富的消费弹性为 0. 11 ~0. 17 的结论。我国房产财富的消费弹性分别是金融资产和其他实物资产消费弹性的 3. 14 倍和 5. 63 倍；欧元区国家房产财富的消费弹性分别是相应其他两种资产的 4. 19 倍和 4 倍。从我国房产的消费弹性与欧元区国家房产消费弹性的比较来看，我国房产的消费弹性高于欧元区国家，但是，只看消费弹性是不够的，我国房产消费弹性大很重要的一个原因是我国家庭的消费绝对量还比较低。利用 CFPS 和 HFCS 中提供的数据，计算出我国家庭和欧元区家庭房屋资产和消费平均水平的比值分别为 39.2 和 21.0，从而得出我国家庭房产边际消费倾向（MPC）为 0.0034，欧元区国家为 0.0042，我国家庭的房产边际消费倾向低于欧元区家庭的房产边际消费倾向。

在其他控制变量方面，家庭人口越多，平均来说消费会越大。教育作为人力资本的代理变量，教育程度越高，家庭的持久收入也越高，相应的消费就越多。无论是我国还是欧元区国家户主未在婚的家庭都比在婚家庭在其他条件一样的情况下少消费，且欧元区国家下降得更明显。女性户主的家庭比男性户主的家庭消费得更多，这一差异欧元区家庭在 10% 的统计水平上显著，我国无统计显著性。在中、欧家庭的对比中，唯一对消费有相反方向影响的是户主的年龄，我国家庭消费随户主的年龄增大而减少，欧元区国家家庭消费则相反，这可能和我国老年人有很强的遗产馈赠动机有关。

模型（1）进行怀特异方差检验的结果显示：CFPS 和 HFCS 的样本数据都存在异方差现象，为解决这一问题，我们使用稳健回归，得到怀特一致性估计。为检验解释变量之间是否存在严重的多重共线性，使用了方差膨胀因子（VIF）检验，最大的方差膨胀因子都没有超过 3，说明自变量之间不存在严重的多重共线性。

4.2.2 房产财富效应差异性检验

接下来依据方程（4－3），采用交叉项，检验房产财富效应在不同年龄、不同地区、不同房屋产权情况之间的差异。表 4－6 的模型（2）以房产财富与年龄组的交叉项来考察房产财富效应的年龄差异。将样本中的家庭，按户主的年龄分为 40 岁以下组、40 岁至 60 岁组和 60 岁以上组，以年龄超过 60 岁的为参照组，从结果可以看出欧元区老年家庭的房产财富效应显著高于年轻家庭，这与 Campbell 和 Cocco（2007）的研究认为英国老年人房产财富效应大于年轻人的结论相同，而我国年老者的房产财富效应低于年轻人。一般来说，随着年龄的增长人们的预期寿命减少，财富的增加会促进更大的消费，中国老年家庭这种情况的出现可能是因为有更强的遗产馈赠动机。

表 4－6　房产财富效应差异性检验结果

	被解释变量：非耐用消费品消费					
	模型（2）		模型（3）		模型（4）	模型（5）
	CFPS	HFCS	CFPS	HFCS	CFPS	CFPS
常数	4.73*** (0.1714)	4.840*** (0.1004)	5.132*** (0.1973)	4.928*** (0.1061)	5.065*** (0.1971)	4.908*** (0.1809)
ln（家庭收入）	0.258*** (0.0215)	0.273*** (0.0112)	0.250*** (0.0214)	0.256*** (0.0114)	0.264*** (0.0205)	0.260*** (0.0218)
ln（金融资产）	0.043*** (0.0034)	0.021*** (0.0093)	0.043*** (0.0094)	0.020*** (0.0034)	0.040*** (0.0091)	0.042*** (0.0093)
ln（房屋资产）	0.132*** (0.0134)	0.090*** (0.0073)	0.127*** (0.0147)	0.084*** (0.0076)	0.123*** (0.0144)	0.134*** (0.0136)
ln（其他资产）	0.024*** (0.0043)	0.021*** (0.0034)	0.024*** (0.0044)	0.022*** (0.0035)	0.024*** (0.0043)	0.024*** (0.0044)
ln（房屋资产）×40 岁以下组	0.008** (0.0031)	－0.012*** (0.0015)				
ln（房屋资产）×40 岁至 60 岁组	0.0001 (0.0028)	－0.002 * (0.0010)				
ln（房屋资产）×北、上、广			0.003 (0.0037)		0.003 (0.00337)	
ln（房屋资产）×东部地区			－0.009*** (0.0036)		－0.009*** (0.0036)	
ln（房屋资产）×中部地区			－0.007 * (0.0037)		－0.007 * (0.0036)	
ln（房屋资产）×西班牙			－0.62***	(0.0130)		
ln（房屋资产）×葡萄牙			－0.150***	(0.0173)		
ln（房屋资产）×有完全或部分产权						－0.001 (0.0028)
ln（房屋资产）×免费居住						－0.001 (0.0067)

续表

	被解释变量：非耐用消费品消费					
	模型（2）		模型（3）		模型（4）	模型（5）
	CFPS	HFCS	CFPS	HFCS	CFPS	CFPS
有效样本量	2387	10131	2387	10131	2387	2387
R^2	0.4318	0.4281	0.4372	0.4322	0.4420	0.4306
MAX VIF	1.98	2.14	2.37	2.19	2.45	1.99

注：*、**、和***分别表示10%、5%和1%的显著水平，括号中的数字是稳健标准误。和模型（1）一样，我们也同时控制了其他人口社会学特征。为简洁起见，表4-6只列举了关键变量的信息，详细的结果放在附录9中以便查阅。

模型（3）考察了中国不同地区和欧元区不同国家房产财富效应的差异。我们将中国CFPS样本分为四组，经济最发达同时也是房价最高的北京、上海和广东省为一组；东、中、西部省份各为一组，西部地区为参照组，将HFCS样本涉及非耐用品消费的法国、西班牙和葡萄牙各分为一组，法国为参照组。从回归结果可以看出，中国各地区之间房产财富效应存在差异，北京、上海、广东家庭的房产财富效应最大，其次是西部省份家庭，最低的是东部省份家庭。考虑到归还房屋贷款会减少家庭的可支配收入，各地区家庭可能因还贷压力的不同，而造成房产消费弹性的差异。在模型（4）中我们将家庭上年归还的房屋贷款金额从收入中减去，在可用的2387个家庭样本中有168个家庭上年有归还房贷，2219户无房屋贷款，样本中只有7%的家庭上年有归还房贷，所以回归结果和模型（3）中的结果无太大差异。北京、上海和广东省经济发达，金融体系健全，人口流动性大可能是房产财富效应大的原因，而东部和中部省份家庭房产财富效应低于作为基准组的西部地区家庭的原因还有待后续的研究。在欧洲三国中，法国家庭的房产财富效应最大，西班牙次之，葡萄牙最小。

因为CFPS不仅统计了中国房屋产权自有家庭对房产的估价，也统计了租房户对常住房屋的估价。这就给我们提供了一个检验租房者和房屋自有者之间房产财富效应是否存在差异的机会。在模型（5）中我们将 CFPS 的样本家庭分为具有房屋全部或部分产权、免费居住和租住三组，以租房家庭为参照组。这样分组的原因是考虑到有产权的家庭当房产价值增加时，可以现在或今后的某个时刻兑现房产的价值。当然，较高价值的房屋房租也较高，免费居住者不用为此付费，租住者的消费则可能会因房租的升高而受到挤压。从回归的结果看，房屋产权的归属没有对房产的财富效应产生经济或统计上的显著影响，这和黄静、屠梅曾（2009）得出的结果一致。造成这一现象的原因可能与 CFPS 样本中租房户较少有关，也有可能如 Yoshikawa 和 Ohtake（1989）利用日本家户微观截面数据研究所表明的那样，房价的快速上涨，对无房者来说有两种情况，对于房价上涨后仍决定买房的租户来说，房价的上涨会促使他们减少消费，而对于房价上涨后放弃买房的租户来说，房价的上涨反而会使他们增加消费，所以房价的上涨对于无房者的作用可能是不确定的。对我国这一问题的研究，还有待数据的进一步完善。

4.3 模型检验

为检验本章实证结果的稳健性，考察样本中的异常值是否对回归结果有显著影响，将收入和房屋资产最高和最低各 1% 的样本进行了剔除，回归结果见表 4 – 7 模型（6）。可以看出，在窄样本中，无论是 CFPS 还是 HFCS 数据，房产的财富效应与模型（1）中的结论无太大差异。

表 4 – 7 房产财富效应差异性检验结果

	被解释变量：非耐用消费品消费		
	模型（6）窄样本		模型（7）
	CFPS	HFCS	CFPS
常数	4. 517*** (0. 1979)	4. 178*** (0. 1046)	5. 014*** (0. 1894)

续表

	被解释变量：非耐用消费品消费		
	模型（6）窄样本		模型（7）
	CFPS	HFCS	CFPS
ln（家庭收入）	0. 300*** （0. 0246）	0. 322*** （0. 108）	0. 248*** （0. 0216）
ln（金融资产）	0. 031*** （0. 0090）	0. 014*** （0. 0034）	0. 044*** （0. 0093）
ln（房屋资产）	0. 144*** （0. 0127）	0. 095*** （0. 0080）	0. 133*** （0. 0133）
ln（其他资产）	0. 023*** （0. 0042）	0. 018*** （0. 0035）	0. 025*** （0. 0043）
家庭人口数	0. 047*** （0. 0107）	0. 070*** （0. 0055）	0. 059*** （0. 0112）
户主年龄	-0. 004*** （0. 0010）	0. 003*** （0. 0005）	-0. 004*** （0. 0010）
户主受教育水平为初中	0. 069* （0. 0360）	0. 064*** （0. 0174）	0. 053 （0. 0363）
户主受教育水平为高中	0. 162*** （0. 0394）	0. 117*** （0. 0160）	0. 156*** （0. 0410）
户主受教育水平为大学及上	0. 290*** （0. 0434）	0. 200*** （0. 0173）	0. 275*** （0. 0453）
户主性别［女性为 1］	-0. 003 （0. 0260）	0. 024** （0. 0117）	0. 002 （0. 0264）
户主婚姻状况［非在婚为 1］	-0. 069 （0. 0460）	-0. 103*** （0. 0138）	-0. 073 （0. 0454）
户主户口状况［农业户口为 1］			-0. 119*** （0. 0454）
户主对未来的信心状况			0. 021* （0. 0117）
有效样本量	2343	9729	2387
R^2	0. 4239	0. 4077	0. 4357
MAX VIF	2. 00	2. 16	2. 26

注：*、**、和***分别表示 10%、5%和 1%的显著水平，括号中的数字是稳健标准误。

考虑到中国正处于社会和经济转型期，与欧洲国家相比社会保障还处于较低水平，非农户口和农业户口居民社会福利还存在较大差异，所以在对 CFPS 的数据分析中，我们还加入了户主是否为城市户口和对未来的信心状况这两个控制变量，以检验这些变量对回归结果的影响，其中信心状况被分为 5 级，从低到高，1 表示非常没有信心，5 表示非常有信心。从模型（7）的结果可以看出，虽然房产的消费弹性无显著变化，但是与模型（1）相比，常数项却从 4. 897 增加到 5. 014，并且户主为农业户口的家庭在其他条件相同的情况下，平均来说比非农户口的家庭少消费 11. 9%；同样与预期相一致，随着户主对未来信心的增加，在其他条件相同的情况下，平均来说信心每增进一个单位，家庭消费增加 2. 1%。上述结果说明户主的户口和对未来的信心状况主要对家庭消费的绝对量产生影响，对房产的消费弹性影响不大。

4. 4　本章小结

本章利用微观家户调查 CFPS（2010）和 HFCS（2010）数据，对我国和欧元区国家房产财富和消费的关系进行了研究。从实证分析的结果来看，和美、英等自由资本主义国家一样，我国和欧元区国家家庭资产的不同组成部分对消费发挥着不同的影响，房屋资产的消费弹性大大高于金融资产和其他实物资产。我国家庭房屋资产的消费弹性高于欧元区国家，我国为 0. 14，欧元区国家为 0. 09，我国家庭房屋资产的增长在促进消费方面起到了非常重要的作用。但是，只看消费弹性是不够的，资产的消费弹性是消费增长率和房产财富增长率的比值，我国的房产消费弹性大很重要的一个原因是我国家庭的消费绝对量还比较小，利用 CFPS 和 HFCS 中提供的数据，可以计算出我国家庭和欧元区国家家庭房屋资产和消费平均水平的比值分别为 39. 2 和 21. 0，我国家庭的房产财富边际消费倾向（MPC）为 0. 0034，低于欧元区国家 0. 0042 的水平。通过计算可以得出，如果我国的房产消费弹性为 0. 17，边际消费倾向才达到欧元区国家的水平。随着我国家庭消费量的增加，房产的消费弹性会呈现下降的趋势，这也解释了黄静、屠梅曾（2009）发现的我国房产财富效应在2000—2006年显著减小的现象。

通过对不同年龄段家庭房产财富效应差异的分析，我们发现我国和欧元区国家房产消费弹性随年龄变化的趋势恰好相反。我国老年家庭的房产消费弹性低于年轻家庭，而欧元区国家老年家庭的房产消费弹性显著高于年轻家庭。随着我国人口老龄化趋势的加速，我国老年家庭较低的房产消费弹性将不利于我国总体消费水平的提升。房产消费弹性的大小受到房地产市场发展程度、金融市场自由化程度以及人们对待房产的观念等诸多因素的影响。房产观念的改变需要一个较长的过程，造成我国老年家庭房产财富效应低的一种最普遍的解释，就是较强的遗产馈赠动机。我国老人往往会将房产遗留给后代，但是这种情况和不发达的金融市场结合在一起的时候，我们就不太能分清遗产的馈赠是出于主动还是被动。在生前出售自己的房产，老人所面临的房产交易和搬迁居所的成本会很高，离开自己的原居地可能还会面临很大的心理成本。如果可以在生前保留居住权的情况下，依靠房产获得流动性支持，从而提前消费掉部分房产价值，是避免出售房产的相关成本和解决被动馈赠的一种有效途径。在这方面，可以借鉴法国等发达国家住房反向抵押贷款的成功经验，使我国“房产富人、现金穷人”的退休老人在不必搬离原住房的情况下，获得流动性支持。这样既可以部分解决养老的难题，也可以从总体上提升我国的房产财富效应，为经济增长注入新动力。

5 住房反向抵押贷款对居民消费支出的影响研究

住房反向抵押贷款是达到一定年龄有房屋完全产权的老年人将房屋产权抵押给金融机构，由金融机构一次性或按期支付现金给该借款人，借款人在获得现金的同时继续保有该房屋的居住权直至身故。当借款人去世后，相应的金融机构获得房屋产权，可进行出租或销售，所得用于偿还贷款本息。住房反向抵押贷款是老年人在现有养老金基础上，本着自愿原则自主选择的提高老年生活水平的一种方案，可以有效提高老年居民的现期可支配收入，从而有效释放老年居民消费潜力（Venti and Wise，1991）。国内外学者已从不同的角度对住房反向抵押贷款展开了研究。国外对住房反向抵押贷款的研究大多出现在 20 世纪 90 年代以后，这时美国的住房反向抵押贷款政策已较为成熟。研究主要利用统计和计量的方法，集中讨论反向抵押贷款的风险防控、定价和对老年居民的影响。缺少基于个体优化决策，考虑住房反向抵押贷款引入，对居民消费、储蓄、资产配置的影响研究。国内对住房反向抵押贷款的研究尚处于起步阶段，研究多集中于介绍欧美等发达国家的住房反向抵押贷款制度，以及我国是否有必要引入住房反向抵押贷款，高质量、创新型的研究较少。

随着我国老龄化程度的加深，2013 年国务院印发《关于加快发展养老服务业的若干意见》，该意见中提出“开展老年人住房反向抵押养老保险试点”。2014 年 6 月 23 日，中国保监会发布《关于开展老年人住房反向抵押养老保险试点的指导意见》，我国将从 7 月 1 日起，在北京、上海、广州和武汉 4 个城市开展老年人住房反向抵押养老保险试点。随着住房反向抵押贷款在我国的试点运行，加强对住房反向抵押贷款的相关研究显得愈发重要。

本章从住房反向抵押贷款对老年居民消费影响的视角出发，通过构建基于个体优化的生命周期模型，模拟住房反向抵押贷款引入后，居民是否会参与该项贷款，以及参与该项贷款居民的消费变动情况。在利用生命周期模型研究居民经济决策方面，Cocco（2004）和 Cocco 等（2005），使用美国收入动态追踪调查（PSID）数据，对模型的参数进行校准，分别在考虑房产投资和不考虑房产投资的情况下，模拟了美国居民生命周期中的经济决策情况。在上述两篇文献中，所有个体初始房产和金融资产的持有都为零，但在现实经济中，初始状态的差异可能在居民经济决策中扮演着重要角色。从国内学者研究来看，黄民安（2013）首次利用生命周期模型，在个体优化决策基础上，对住房反向抵押贷款的引入对居民福利的影响进行了模拟分析。本章从住房反向抵押贷款对老年居民消费影响的视角出发，构建生命周期模型，以我国大型微观家户调查 CFPS（2010）的数据为基础，刻画家庭特征。模型中的金融资产收益率和房价涨幅从我国的宏观时间序列数据得出。

这样可以更加真实地模拟在某个时点引入住房反向抵押贷款对我国居民消费决策的影响。针对国内学者所关注的在我国开办住房反向抵押贷款业务，可能会受到居民的房产观念、遗产动机、搬迁房屋成本以及房价上涨预期等因素的影响。通过调整相应的参数值，我们也模拟了这些因素对居民参与住房反向抵押贷款的影响。

5.1 模型假设

5.1.1 生命周期假设

借鉴 Ocampa 和 Yuki（2005）的定义方式，结合我国人口统计数据所表现出的特征，本章对退休居民的生命阶段做如下假设：

假设5. 1. 1. 1：以年龄为标准，将我国退休居民生命周期最长设定为9期，每期5年，从61岁至105岁。令t_i代表居民所处的年龄段，那么t_1表示居民年龄处于61～65岁，t_2代表居民年龄处于66～70岁，以此类推，直到最长的第9期，居民年龄为101～105岁。居民从退休到最终离世最长可以存续45年，这里将最大存活年龄设为105岁，是为了和《中国人寿保险业经验生命表》中的最长寿命设置保持一致[①]。

5. 1. 2 效用函数假设

假设5. 1. 2. 1：在假设5. 1. 1. 1的基础上，按照Hubbard（1995）我们引入居民存续的不确定性，以p_t代表居民从t存活到$t+1$期的条件概率。则居民能存续到第i期的概率为$\prod_{j=0}^{i-1}p_j$，消亡概率为$(1-p_{i-1})\prod_{j=0}^{i-2}p_j$，其中$p_0, p_1, p_2, \cdots, p_8 \in [0,1]$，代表居民存续的条件概率。

假设5. 1. 2. 2：假设效用函数为消费内生型。居民的效用来源于非住房消费、住房消费以及给予下一代的遗产馈赠。理性的决策者在跨期预算约束下，对每期的上述变量进行选择，以最大化终身效用。这里，假设：（1）效用是时间可加的CRRA形式；（2）非住房消费和住房消费的效用综合采用Cobb－Douglas函数形式。居民在时期t的消费效用函数，可以表示为：

$$\frac{(c_t^{1-\theta}H_t^{\theta})^{1-\gamma}}{1-\gamma} \tag{5-1}$$

其中，θ代表居民对于住房消费相对偏好程度，相对于非住房消费，θ越大代表居民越看重住房消费。γ为相对风险厌恶系数，γ越大代表

---

① 根据2013年国务院印发的《关于加快发展养老服务业的若干意见》中提出"开展老年人住房反向抵押养老保险试点"，和2014年6月中国保监会发布的《关于开展老年人住房反向抵押养老保险试点的指导意见》，可以看出我国已将住房反向抵押贷款定义为一种保险业务，所以在进行生命周期假设时，使用《中国人寿保险业经验生命表》中的居民存活概率可能更为合适。

居民对风险的厌恶程度越高。

假设5.1.2.3：按照Cocco（2005），我们假设居民可以从遗产馈赠中获得效用，遗产馈赠效用可表示为：

$$b\frac{W_t^{1-\gamma}}{1-\gamma} \tag{5-2}$$

其中，W_t 是居民在 t 期馈赠的财富总量，b 代理居民对遗产馈赠的相对看重程度，b 越大，居民越倾向于遗产馈赠，从而也就反映了居民遗产动机的强弱。

5.1.3 收入和房产市场假设

假设5.1.3.1：退休后，居民每期收入为退休前一年收入 Y 的固定比率 λ，λ 也称为置换率（Replacement Ratio）。

$$Y_t = \lambda Y,\ \lambda \in (0,1) \tag{5-3}$$

在居民持有的资产中，房产具有与金融资产不同的特点。一方面，作为消费品，可以为居住者提供效用；另一方面，作为投资品，可以为居民带来资本利得或损失。房产一般具有不可分割性，流动性也不如金融资产。家庭一旦购置房产，不会轻易更换，因为房产交易的经济成本往往较高，且居所更换往往会产生心理成本。借鉴Yao和Zhang（2005）、韩洁（2008），并考虑本研究的研究目的，对房产市场做出如下假设：

假设5.1.3.2：在忽略租房市场的情况下，房屋的占有面积即为房屋的使用面积①。通常人们的住房消费，都有一个最低消费水平 H_{min}，因此有如下消费约束：

$$h_t \geqslant H_{min},\ \forall t \tag{5-4}$$

同时在持有房产期间，家庭需要负担房屋的维护成本，占房产价值

① 忽略租房市场，一方面是为了简化起见，另一方面也考虑到我国老年居民的房产自有率很高，且不愿意租房。

$p_t h_t$ 的 δ_h 部分。

假设 5.1.3.3：房屋价格走势满足如下过程：

$$\ln \frac{p_t}{p_{t-1}} = \eta + \tau_t \tag{5-5}$$

其中房产收益的长期趋势为 η，τ_t 为随机变量，服从 $(0, \sigma_\tau^2)$ 的正态分布。

假设 5.1.3.4：假设在第 $t-1$ 期，家庭拥有住房，那么到第 t 期，家庭可以选择继续居住在原房屋中还是更换房屋。令 I_t^m 表示更换房屋的决策，当决定更换时取值为 1，不更换时取值为 0。

假设 5.1.3.5：退休后居民买房不能获得抵押贷款，必须全额支付房款①，且需支付额外的成本，该成本是房屋价值的 λ_t 部分，包括交易成本和房屋搬迁的心理成本，考虑到随着年龄的增长，居民更换住所的相对辛苦程度及心理成本等方面的损失会更大，所以在模型中我们假设 λ_t 会随着居民年龄的增大而增长。

假设 5.1.3.6：居民退休后，可以考虑是否用自有住房向金融机构申请住房反向抵押贷款（Reverse Mortgage），令 T^e 为个体的预期余命。居民在申请反向抵押贷款时，会产生发起费、评估费等费用，占房产价值的 ω 部分。住房反向抵押贷款的利率为 r_d，与现行住房抵押贷款利率相同。在模型中，我们将住房反向抵押贷款给付金的支付方式设为如下两种②：一种是居民将房屋产权抵押给贷款机构，一次性获得（Lump Sum，LS）贷款总额；另一种是居民将房屋产权抵押给贷款机构，贷款机构定期向居民支付给付金，直至借款人亡故。在这两种支付方式下，居民仍有该房屋的居住权。当居民亡故后，贷款机构收回该房屋，进行销售、出租或拍卖，以收回贷款的本息。

---

① 这也同我国现行的购房贷款政策一致。

② 这也是目前讨论较多的两种住房反向抵押贷款发放方式。

5.1.4 金融资产以及信贷市场假设

因为本章的主要目的不是考察居民各类金融资产的配置情况，所以假设只有一类金融资产①。

假设5.1.4.1：假设只有一类金融资产，总收益为 R_t，假设其满足如下过程：

$$R_t - 1 = \zeta + \varphi_t \tag{5-6}$$

其中，$\zeta > 0$，反映了金融资产的期望回报率。φ_t 服从 $(0, \sigma_\varphi^2)$ 的正态分布。t 时期家庭所拥有的金融资产为 a_t。假设家庭不可以卖空金融资产，所以有：

$$a_t \geqslant 0 \quad \forall t \tag{5-7}$$

假设5.1.4.2：居民退休后，可以考虑是否用自有住房向金融机构申请住房反向抵押贷款（Reverse Mortgage），令 T^e 为居民的预期余命，则：

$$T_t^{\ e} = \sum_{j=t}^{T} p_j \times (j - t + 1) \tag{5-8}$$

参照韩再（2014），在模型中，我们将该项贷款业务给付金的支付设为如下两种形式：一种是借款人将房屋产权抵押给贷款机构，一次性获得（lump sum，LS）贷款总额；另一种是借款人将房屋产权抵押给贷款机构，贷款机构定期向其支付给付金，直至该借款人亡故。在这两种支付方式下，借款人仍有该房屋的居住权。当借款人亡故后，贷款机构收回该房屋，进行销售、出租或拍卖。一次性支付金额 LS 和给付金 q^r 的计算方法如下②：

$$LS = \sum_{M=1}^{T-t} P_t H_t (1 - \omega) \left[(1 - \delta^h) \left(\frac{1 + \eta}{1 + r_d} \right) \right]^M Q_M \tag{5-9}$$

$$LS = q^r \left\{ 1 + \sum_{M=1}^{T-t} \prod_{i=1}^{M} p_{t+i-1} / (1 + r_d)^M \right\} \tag{5-10}$$

---

① 该类金融资产是无风险资产和风险资产的一个组合，组合比例按实际数据来确定。

② 该计算方式利用了保险精算平衡的原理。

$$q^r = LS\left\{1 + \sum_{M=1}^{T-t} \prod_{i=1}^{M} p_{t+i-1} / (1 + r_d)^M\right\}^{-1} \tag{5-11}$$

其中，ω 为反向抵押贷款的发起费等相关费率，Q_M 为住房反向抵押贷款的借款人在借款后的第 M 期死亡的概率。老年居民也可以考虑不参与住房反向抵押贷款，自己通过在市场上自由交易房产的方式，来实现优化配置。令 I_t^r 表示是否参与住房反向抵押贷款的决策，当决定进入时取值为1，不进入时取值为0。这里假设居民只有1次进入住房反向抵押贷款市场的机会，即参与住房反向抵押贷款后无法退出。所有居民选择是否参与住房反向抵押贷款有以下几种情形：

（1）当上一期未参与住房反向抵押贷款的居民，本期继续选择不参与住房反向抵押贷款，即：$I_{t-1}^r = 0$ 时，$I_t^r = 0$ 。

（2）当上一期未参与住房反向抵押贷款的居民，本期选择参与住房反向抵押贷款，即：$I_{t-1}^r = 0$ 时，$I_t^r = 1$ 。

假设 5.1.4.3：借鉴 Carrol（1997）、Cocco（2005），我们将居民在 t 期的总资产表示为：

$$Q_t = W_t + Y_t \tag{5-12}$$

其中，W_t 为包括金融资产和房产的总资产，Y_t 为 t 期的收入。

5.2 模型建立

根据 5.1 节的假设，以及（5－1）式～（5－12）式，本节我们建立存在住房反向抵押贷款情况下，我国老年居民消费、储蓄以及资产配置的动态优化过程。

5.2.1 居民优化问题

5.2.1.1 目标函数

根据老年居民生命周期以及效用函数假设，居民的目标函数可以表示为：

$$E_j \sum_{t=j}^{T} \beta^{t-j} \left(\prod_{s=j-1}^{t-2} p_s \right) \left\{ p_{t-1} \frac{(c_t^{1-\theta} H_t^{\theta})^{1-\gamma}}{1-\gamma} + b(1-p_{t-1}) \frac{W_t^{1-\gamma}}{1-\gamma} \right\} \tag{5-13}$$

$$A_t = \{C_t, H_t, a_t, I_t^m, I_t^r\}_{t=j}^{T}, 1 \leqslant j \leqslant T$$

式（5－13）中 $E[\cdot]$ 代表数学期望，A_t 为居民在 t 时期的选择变量集合。β 为时间贴现因子，W_t 为在 t 时期，因居民死亡而给后代遗留的财产。

5.2.1.2 预算约束

借鉴 Carroll（1997）和 Cocco（2004）的定义，我们将金融资产和当期收入的和记为：$X_t = LW_t + Y_t$，将 X_t 加上住房反向抵押贷款的给付金记为 F_t，这也是居民在 t 期可自由支配的资金。

$$F_t = X_t + q^r \tag{5-14}$$

若居民不参与住房反向抵押贷款，则 $q^r = 0$ 。在每个时期，居民需要决定普通商品的消费量、房产的消费水平、金融资产的持有水平以及是否进入住房反向抵押贷款市场，结合假设 5.1.4.2，则居民 t 期的预算约束①，可以分为以下两种情况，a_t 为 t 期末的金融资产，W_{t+1} 为 $t+1$ 期初的总资产净额，也是居民若在 t 期离世，可留下的遗产。

（1）退休后，若居民不选择进入住房反向抵押贷款市场，则家庭的预算约束为：

$$a_t = F_t - C_t = X_t - C_t \tag{5-15}$$

$$W_{t+1} = LW_{t+1} + (1 - \delta_h) P_{t+1} H_t \tag{5-16}$$

（2）退休后，若居民选择进入住房反向抵押贷款市场，则家庭的预算约束为：

$$a_t = F_t - C_t = X_t + q^r - C_t \tag{5-17}$$

$$W_{t+1} = LW_{t+1} \tag{5-18}$$

① 若居民进入住房反向抵押贷款市场，则无需负担每期的房屋维护费用，$\delta P_t H_{t-1} = 0$，金融机构为防止道德风险已经从给付金中扣除了这一部分费用，这一假设对模型的求解无任何影响。

居民所面临的问题就是在所有的预算约束条件下，最大化(5－13)式所表示的终身效用函数。

5.2.2 优化问题的价值函数

上述问题可以写成如下的贝尔曼方程（Bellman Equation）形式：

$$V_t(Z_t) = \max_{A_t}\left[\frac{(C_t^{1-\theta}H_t^{\theta})^{1-\gamma}}{1-\gamma} + \beta p_t E_t V_{t+1}(Z_{t+1}) + \beta b(1-p_t)\frac{W_{t+1}^{1-\gamma}}{1-\gamma}\right] \tag{5-19}$$

设 $A_t = \{C_t, H_t, I_t^m, a_t, I_t^r\}_{t=j}^{T}$ 为该问题的控制变量集，$Z_t = \{t, H_{t-1}, X_t, I_{t-1}^r\}_{t=j}^{T}$，为该问题的状态变量集。其中 $C_t, H_t, I_t^m, a_t, I_t^r$ 分别表示在 t 时期的消费、住房、是否更换房屋、金融资产的持有情况以及是否参与住房反向抵押贷款。$t, H_{t-1}, X_t, I_{t-1}^r$ 分别为居民所处的生命周期阶段、上期末的房产持有、本期初不包括贷款在内的可支配财富，以及上一期是否参加了住房反向抵押贷款。

5.3 参数估计

本章设定模型中一个时期的长度为 5 年，退休居民最多可存活 9 期，从 61 岁到 105 岁。居民进入该模型经济体时为 61 岁，可考虑是否办理住房反向抵押贷款。模型中居民的初始状态，如：年收入、房屋资产和金融资产的持有状况均来自中国家庭动态跟踪调整（CFPS）2010 年的数据。但是中国家庭动态跟踪调整（CFPS）2010 数据只是截面数据，无法获得家庭收入、房价的动态变化过程，所以本章结合我国宏观数据，以尽可能仿真的假定和已有文献的经验数据作为参数估计的依据。

5.3.1 家庭偏好

遗产动机因子 b，该因子的大小，反映了居民对遗产馈赠的重视程度。数值越大，那么居民越倾向于遗留较多的财产给后代，反之，数值越小，则居民更倾向于将财富用于自身消费。我国居民较强的遗产动机对住房反向抵押贷款顺利推行的影响，一直是学界和政策制定者关注的话题。借鉴 Cocco 等（2005）居民效用函数的设定形式，遗产动机因子 b 的数值代表了居民希望自己的遗产可以保证下一代人消费的期数。若 b 为 1，则表示居民希望自己的遗产可以保证下一代 1 期的消费所需。Cocoo 等（2005）在 1 年一期的模型中，将 b 分别设置为 0、1、2 和 5 四种情形。考虑到我国居民较强的遗产馈赠动机，在本章 5 年一期前提下，基准情形参数设定中，我们将遗产动机因子设为 2，而在替代情形中将 b 分别设置为 0 和 5。

相对风险厌恶系数 γ，该系数的大小代表居民对风险的厌恶程度。数值越大，那么在收益和风险的替代选择中，居民更倾向于选择低收益、低风险的资产。反之，数值越小，则居民更倾向于选择高收益、高风险的资产。陈学彬等（2006）基于预防性储蓄的理论模型，利用我国 1978—2002 年消费和储蓄数据，估计出我国居民的相对风险厌恶系数为 1.2875。艾春荣和汪伟（2005）在习惯偏好的视角下，利用我国 1995—2005 年城镇居民消费和省级动态面板数据，估计出居民的相对风险厌恶系数为 1.9139。综合以上结果，本章在基准模型的设定中将居民相对风险厌恶系数 γ 取值为 1.29，而在替代情形中将 γ 取值为 2。

主观贴现因子 β 反映了家庭的“耐心程度”，β 值越高，居民对未来消费赋予的权重也会更高；反之，则居民越看重现期消费。国外基于生命周期的研究中，一般将主观贴现因子设为 0.96（Cocco，2005；Yao 和 Zhang，2005），而国内研究则一般将主观贴现因子设为 0.99（陈学彬等，2006；韩洁，2008）。考虑到在确定性模型中，主观贴现率一般为资产总收益率的倒数，这也会使居民终生的消费相对稳定平滑。结合我国资产的年平均收益率，在基准模型中，我们将主观贴现因子取值为 0.965。

住房偏好系数 θ 反映了居民对房屋消费的重视程度。Yao 和 Zhang（2005）将住房偏好系数设为 0.2，以较好地拟合美国居民消费支出调查反映的房屋消费支出占比。一般来说，我国居民对住房重视程度较高。在基准模型设定中，我们沿用韩洁（2008）将住房偏好取为0.55，在替代方案中，将住房偏好取为0.25。

5.3.2 金融资产收益

利用2001年发行的20年长期国债年利率4.26%，用城镇居民消费价格指数折算后，所得到的真实利率为1.80%，作为无风险金融资产的收益率。以我国1990—2013年上证A股市场综合指数，经城镇居民消费价格指数折算后的年实际复合增长率7.91%和方差0.1057，作为风险资产投资收益率和方差。

因为本章的主要目的不是研究居民金融资产的配置问题，为在数值模拟过程中减少不必要的维度，我们将居民金融资产设定为一种。根据中国家庭跟踪调查（CFPS）2010年的数据，我国城市家庭无风险资产和风险资产占金融资产的比率分别为70.4%和29.6%。按照这种组合方案，本研究将金融资产的年回报率设为3.61%，方差为0.009261。房屋抵押贷款利率经城镇居民消费价格指数折算后为2.94%，在基准模型中，我们将住房反向抵押贷款的利率设为同房屋抵押贷款的利率一致，而在替代情形中，按照韩再（2014）将住房反向抵押贷款利率在房屋抵押贷款利率的基础上增加3个百分点，设为5.94%。

5.3.3 住房资产收益

根据《中国统计年鉴》发表的1998—2013年我国住宅商品房平均售价的名义数据，使用城镇居民消费价格指数，以1998年为基准年进行折算，取自然对数后的增长情况见图5-1。

根据假设5.1.3.3，房屋价格走势满足如下过程：

$$\ln \frac{P_t}{P_{t-1}} = \eta + \tau_t$$

$$\ln \frac{P_t}{P_{t-1}} = \ln P_t - \ln P_{t-1} \approx \frac{P_t - P_{t-1}}{P_{t-1}} \tag{5-20}$$

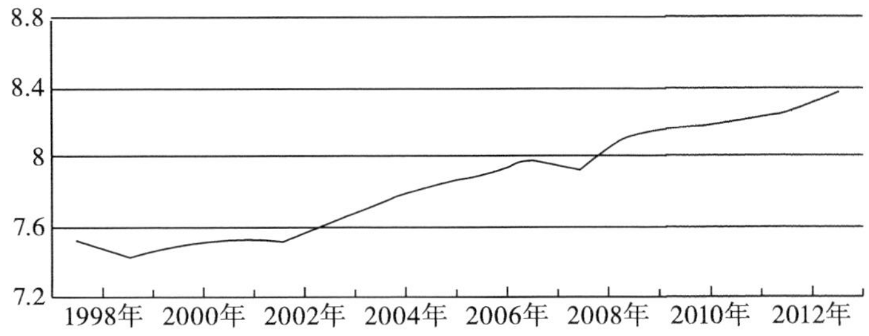

图 5－1　我国住宅商品房平均销售价格

资料来源：中国统计年鉴。纵轴为住宅商品房平均销售价格取自然对数后的值。

对我国住宅商品房销售价格增长率运用下面 AR（1）模型进行估计：

$$\Delta p_t = \eta + \varepsilon_t \tag{5-21}$$

式（5－21）中 $p_t = \ln P_t$，估计得到 η 为 0.0552，得到 ε_t 的方差为 0.005606。考虑到住房反向抵押贷款的抵押房产可能要在未来的十几到二十多年后才能被贷款机构收回，我国房价增长的幅度在未来可能有走缓的趋势，所以在数值模拟的基准情形中，我们将房产价格的年增长率与金融资产的年收益率一致，即为 3.61%，而在替代情形中设为 5.52%。

5.3.4　其他参数设定

根据 2013 年国务院印发《关于加快发展养老服务业的若干意见》中提出“开展老年人住房反向抵押养老保险试点”的意见，我国的住房反向抵押贷款更多的具有保险的性质，所以我们对居民死亡率的设定按照《中国人寿保险业经验生命表（2000—2003）》进行设定。

根据（5－4）式，我们还需对房屋的最低消费水平 $H_{\min}$ 做出假定。根据 2010 年中国家庭动态追踪调查（CFPS）对我国城镇居民自有房产价值的调查数据，房产价值最低 1%、5% 和 10% 分位的数值分别为 5000 元、20000 元和 40000 元，考虑到上述房产价值是户主对房屋市场价值的主观判断以及统计方面可能存在的问题，我们将房屋的最低消费水平设为 40000 元。

变更房屋的成本包括前期市场搜寻成本、交易所需承担的各项税费、房屋配套的相关设施的更新费用以及心理成本，而且随着年龄的增大，变更房屋的心理成本会随之上升。在基准模型中，我们将居民第一期即 61～65 岁时的房屋变更成本 λ_t 设为房产价值的 5%。随着年龄的增大，居民的体力也会随之下降，而且此时居民已经比较习惯某一区域的居住环境，搬迁的心理成功会随之升高。为刻画这些成本，在模型中，我们假定居民的房屋变更成本随着年龄的增长，每 5 年递增 1%。

韩再（2014）根据美国住房反向抵押贷款市场的情况，将住房反向抵押贷款的业务成本费率 ω 设为房屋价值的 6%，考虑到美国的住房反向抵押贷款业务开办的时间已经很长，并已经具有一定的业务规模，而我国在这方面则刚刚起步，所以在基准参数设定中，将 ω 设为 6%，在替代情形中将 ω 设为 8%。

根据国家统计局国民经济核算司的办法，我们将城镇房屋的年折旧率 δ_h 设为 2%，并采用直线折旧法。居民退休时的工资按退休前一期工资的 70% 计算。表 5－1 报告了模拟方案的参数设定情况。

表 5－1　模拟的参数设定

参数描述	参数符号	设定数值	
		基准情形	替代情形
相对风险厌恶系数	γ	1.29	2.00
主观贴现因子（年度）	β	0.965	
住房偏好	θ	0.55	0.25
遗产动机因子	b	2	0，5
房价的年均增长率	η	3.61%	5.52%
房价年增长率波动的标准差	σ_ε	0.0749	
房屋年折旧率	δ_h	2%	
最低房屋变更成本比例	λ	5%	
反向抵押贷款的费率	ω	6%	8%

续表

参数描述	参数符号	设定数值	
		基准情形	替代情形
金融资产预期年收益率	ζ	3.61%	
金融资产年收益率波动标准差	σ_{φ}	0.0962	
房屋抵押贷款年利率	$R_d - 1$	2.94%	
住房反向抵押贷款年利率	r_d	2.94%	5.94%

5.4 计算方法

本章建立的模型属于有限期随机动态规划问题，已有定理证明这类问题存在最优解[①]，但由于模型设计的复杂性，在实际推导过程中，几乎不可能得出解析解，即使是近似解也很难求得。Campbell et al.（2002）指出，生命周期决策体系往往相当复杂，包含较多的约束条件和状态变量，基本不能求出解析解或近似解。鉴于此，和很多的文献一样，本章将采用数值模拟的方法求解该问题。

目前对于本章模型，最有效的数值模拟求解法是逆向推导法（Backward Induction）。居民在生命的最后一期的值函数，可以直接通过间接效用函数求得。在求得最后一期值函数的基础上，可以继续求得前一期的政策函数（Policy Function），这一过程继续下去，直至获得整个生命周期的决策图景。

为了解决数值收敛和局部最优问题，我们使用目前解决动态规划最有效的网格搜索法。该方法将决策变量和状态变量可能的取值空间使用等距的网格离散化。对于不处在网络节点上的状态变量所对应的值函数数值，我们使用三次样条插值法。

为集中反映不同初始特征对居民是否参与住房反向抵押贷款的影

① 详细情况请参见 Rust（2006）。

响，以及选择反向抵押贷款前后，该类居民消费的变动情况，结合中国家庭动态跟踪调查（CFPS）2010 年数据的特征，本章将居民按总资产与收入的比进行离散化处理，将取值区间［0，40］分为10 等份，分别为4、8、12、16、20、24、28、32、36 和 40，将家庭初始的房屋资产与总资产的比率也进行离散化处理，将取值区间［0，1］分为5 等份，分别为0.2、0.4、0.6、0.8 和 1。按照上述分法，居民被分为 50 种类型。本章接下来的部分，就是报告这 50 类居民在住房反向抵押贷款引入后是否会参与该贷款，以及参与该贷款后的消费变动情况。

5.5 数值模拟结果和分析

目前，住房反向抵押贷款业务在我国还未全面开办，按照美国等已开展住房反向抵押贷款国家常用的贷款支付办法，我们分两种情况模拟反向抵押贷款的引入对老年居民的影响。一是以年金方式支付反向抵押贷款；二是一次性支付反向抵押贷款。在以上两种贷款支付方式中，我们又分为老年居民只允许在退休当前选择是否参与该贷款，以及在退休后的任何一期都可以选择参与住房反向抵押贷款两种情况来加以模拟分析。在模拟参与住房反向抵押贷款居民的消费变动时，使用消费支出与退休收入之比所表示的平均消费倾向（APC）的增量来加以表述，即以选择参与住房反向抵押贷款居民参加该贷款后的平均消费倾向减去参加前的平均消费倾向来表示消费支出的变化。

5.5.1 以年金支付住房反向抵押贷款对退休居民消费的影响

5.5.1.1 仅退休当期可选择是否参与住房反向抵押贷款对居民消费的影响

（1）基准情形模拟分析

在退休当期，居民面对住房反向抵押贷款的引入时，有两种可供选择的方案：不参与住房反向抵押贷款；参与住房反向抵押贷款。

表5－2报告了按资产收入比和房产占总资产比例划分的50类居民反向抵押贷款参与状况及消费变动情况。

表5－2 居民住房反向抵押贷款参与状况及平均消费倾向变动情况（年金支付）

		房产占总资产的比例				
		0.2	0.4	0.6	0.8	1
资产收入比	4	—	—	—	—	0.41
	8	—	—	—	—	0. 48
	12	—	—	—	0.47	0.59
	16	—	—	—	0.53	0.63
	20	—	—	0.61	0.62	0.80
	24	—	—	0.62	0.76	0.81
	28	—	—	0.67	0.78	0.88
	32	—	—	0.80	0.86	0.89
	36	—	0.81	0.85	0.90	0.93
	40	—	0.88	0.94	0.96	0.97

注："—"表示居民不参与住房反向抵押贷款，反向抵押贷款的引入不会对他们的消费产生影响，因而平均消费倾向没有发生变化。

从表5－2可以看出，房产占总资产的比率较高且收入相对于总资产较少的家庭，即通常所说的"房产富人、现金穷人"的老年居民选择参与住房反向抵押贷款。

对于引入住房反向抵押贷款后，不参与该贷款的居民来说，其消费和未引入该贷款时的情况相同，住房反向抵押贷款的引入对他们没有影响。而对于参与住房反向抵押贷款的居民来说，反向抵押贷款的引入会改变他们的消费状况。参与住房反向抵押贷款后，退休居民的平均消费倾向有较大幅度的提升。随着资产收入比的增加和房产在总资产中占比的提高，老年居民在参加住房反向抵押贷款后平均消费倾向的增加值也相应地提高。这反映了房产价值高、退休收入少的老年居民，在参与反向抵押贷款后，会释放出较大的消费潜力。那么在参与住房反向抵押贷款后，退休居民从退休当期开始，直到生命终了时的消费路径如何？我们从上表 26 类参与住房反向抵押贷款的居民类型中选取几类画出其消费路径图。

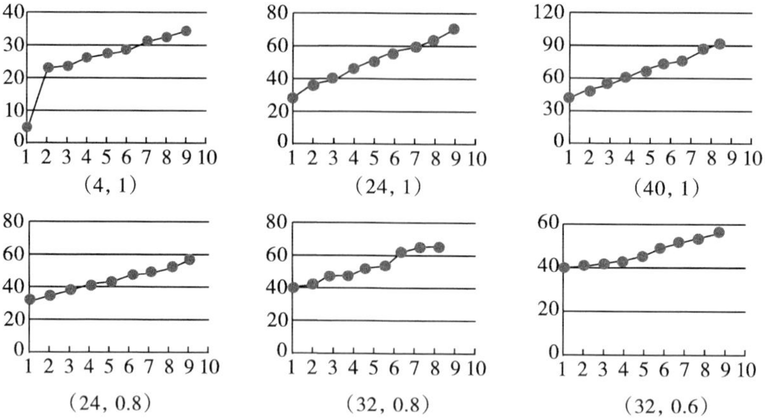

图 5－2　参加住房反向抵押贷款的家庭的消费选择路径

注：横轴表示退休后的期数，纵轴表示消费的数量。(4, 1) 表示资产收入比为 4、房产占总资产比为 1 的居民类型，其余的表示类似。

从图 5－2 我们可以看出，居民的消费呈现持续上升的趋势，造成这一现象的原因，可能是当居民对后代遗产馈赠动机大小一定的情况下，居民参与住房反向抵押贷款后，担心在离世以后房产归贷款机构所有，这样其对后代的遗产馈赠只有所持的剩余金融资产。而每一期居民都有死亡的概率，为了遗留足够的金融资产给后代，家庭倾向于在前期将一部分年金收入积攒起来，从而抑制了他们的消费。

5.5.1.2　退休后任何一期均可选择住房反向抵押贷款对居民消费的影响

如果居民可以在退休后的任何一期选择是否参与住房反向抵押贷款，那么居民就会选择对自身最为有利的参予住房反向抵押贷款的时机。此时居民会如何选择，以及平均消费倾向会如何变化?

(1) 基准情形模拟分析

如果在退休后的任何一期居民都可以选择是否参加住房反向抵押贷款，则居民可以选择在退休后的第一期，即 61 ~ 65 岁参加，也可以在以后的各期参加，如：退休后的第二期、第三期直至生命的最后一期参加。当然居民也可以选择各期都不参加住房反向抵押贷款。表5－3报告了在基准参数设定下，按资产收入比和房产占总资产比例划分的50类居民参与住房反向抵押贷款的情况。

表5－3 居民参与住房反向抵押贷款的时间选择情况（年金支付）

		房产占总资产的比例				
		0.2	0.4	0.6	0.8	1
资产收入比	4	—	—	—	71～75	66～70
	8	—	—	71～75	66～70	61～65
	12	—	—	66～70	66～70	61～65
	16	—	—	66～70	61～65	61～65
	20	—	—	66～70	61～65	61～65
	24	—	—	61～65	61～65	61～65
	28	—	66～70	61～65	61～65	61～65
	32	—	66～70	61～65	61～65	61～65
	36	—	61～65	61～65	61～65	61～65
	40	—	61～65	61～65	61～65	61～65

注：“—”代表居民在退休后各期均不参与住房反向抵押贷款；“61～65”表示居民在61～65岁参与住房反向抵押贷款，其余的表示类似。

与只有退休当前可选择是否参与住房反向抵押贷款相比，退休后各期均可参加住房反向抵押贷款，使更多类型的居民加入了选择住房反向抵押贷款的行列。对于资产收入比较低的家庭来说，在退休后各期均可参加住房反向抵押贷款的情况下，其最优策略是推迟进入反向抵押贷款市场，这是因为一旦进入了该市场，居民就无法自由地调整房产的持有水平，而对于资产水平较低的居民来说，选择在退休当前增加房产的持有，然后在以后各期进入反向抵押贷款市场可能更为有利。表5－4给出了可择时参加住房反向抵押贷款时居民平均消费倾向的变动情况。

表 5-4　退休居民可择时参加住房反向抵押贷款的平均消费倾向变化（年金支付）

		房产占总资产的比例				
		0.2	0.4	0.6	0.8	1
资产收入比	4	—	—	—	0.39	0.42
	8	—	—	0.52	0.40	0.48
	12	—	—	0.54	0.47	0.59
	16	—	—	0.59	0.53	0.63
	20	—	—	0.74	0.62	0.80
	24	—	—	0.62	0.76	0.81
	28	—	0.92	0.67	0.78	0.88
	32	—	0.99	0.80	0.86	0.89
	36	—	0.81	0.85	0.90	0.93
	40	—	0.88	0.94	0.96	0.97

从表5-4可以看出，当退休居民可自由选择何时参加反向抵押贷款时，不仅参与该贷款的居民类型比简单情形（只有退休当前可选择是否参加反向抵押贷款）多了7类，而且对于推迟参加该贷款的居民来说，其平均消费倾向增加幅度也有所提高，如：资产收入比为4、房产占总资产比例为1的家庭来说，其平均消费倾向增加幅度由简单情形中的0.41提高到了0.42。说明放宽家庭反向抵押贷款的选择时限，可以提高家庭的消费率。那么在参加住房反向抵押贷款后，居民在退休以后的消费路径如何？我们从表5-4中33类参加住房反向抵押贷款的居民类型中，选取几类画出其消费路径图。

与图5-2一样，图5-3显示的消费路径也呈现出持续上升的趋势。在居民遗产动机强度一定的情况下，退休居民在前期，会将一部分反向抵押贷款的年金收入积蓄起来以便作为遗产，而不是用来消费。在有了足够的积蓄后，才会增加消费的数额。

为检验这种消费持续增长的现象是不是因为年金支付方式造成的，下面我们用一次性支付的方式来代替年金支付的方式，看居民的消费是否平稳。如果消费比较平稳，则在后续的分析中，将主要利用一次性支

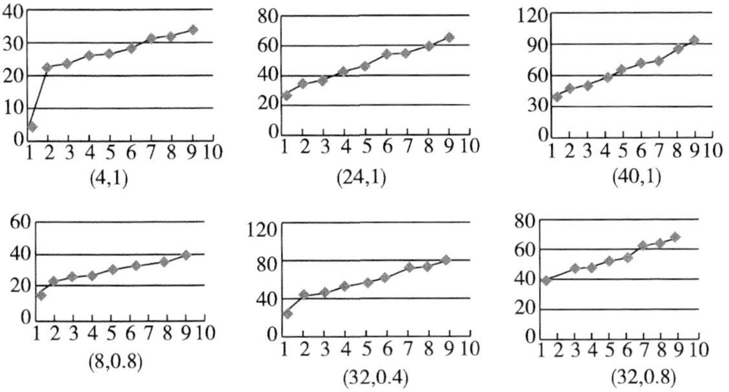

图5－3 参加反向抵押贷款居民的消费选择路径

注：横轴表示退休后的期数，纵轴表示消费的数量。(4，1）表示资产收入比为4，房产占总资产的比为1，其余的表示类似。

付的方式来研究参数调整对模拟结果的影响。

5.5.2 一次性支付住房反向抵押贷款对退休居民消费的影响

本节我们分两种情况来考察住房反向抵押贷款的引入，对退休居民消费的影响。第一种情况，居民只有在退休当期选择是否参与住房反向抵押贷款的机会；第二种情况，居民在退休以后的任何一期都有选择是否参与住房反向抵押贷款的机会。

5.5.2.1 仅退休当期可选择是否参与住房反向抵押贷款对居民消费的影响

（1）基准情形模拟分析

在退休当期，居民面对反向抵押贷款的引入，有两种可供选择的方案：不参与反向抵押贷款；参与反向抵押贷款。表5－5报告了按资产收入比和房产占总资产比例划分的50类居民反向抵押贷款参与状况及消费变动情况。

表 5-5　居民住房反向抵押贷款参与状况及平均消费倾向变动情况（一次性支付）

		房产占总资产的比例				
		0.2	0.4	0.6	0.8	1
资产收入比	4	—	—	—	—	0.29
	8	—	—	—	—	0.30
	12	—	—	—	0.31	0.33
	16	—	—	—	0.34	0.35
	20	—	—	0.42	0.43	0.45
	24	—	—	0.43	0.45	0.46
	28	—	—	0.43	0.45	0.47
	32	—	—	0.50	0.52	0.55
	36	—	0.51	0.52	0.53	0.55
	40	—	0.57	0.58	0.60	0.65

从表 5-5 可以看出，与年金支付方式一样，在一次性支付方式下，房产占总资产的比例较高且收入相对于总资产较少的居民，即通常所说的“房产富人、现金穷人”的老年居民会选择参与住房反向抵押贷款。对于引入住房反向抵押贷款后不参与该贷款的居民来说，其消费和未引入住房反向抵押贷款时的情况相同，住房反向抵押贷款对他们没有影响。而对于参与住房反向抵押贷款的居民来说，反向抵押贷款的引入会改变他们的消费状况。参加反向抵押贷款后，退休居民的平均消费倾向有较大幅度的提升。随着资产收入比的增加和房产在总资产中占比的提高，老年居民参与住房反向抵押贷款后平均消费倾向的增加值也相应地提高。这同样说明，与年金支付方式相同，在一次性支付情况下，具有“房产富人，现金穷人”特征的老年居民，在参与住房反向抵押贷款后，会释放出较大的消费潜力。

在对住房反向抵押贷款实行一次性支付后，参与该贷款的老年居民退休以后的消费路径如何？我们从表 5-5 中 26 类参与该贷款的居民类型中，选取几类画出其消费路径图。

从图 5-4 中可以看出，在实行一次性支付的情况下，老年居民参

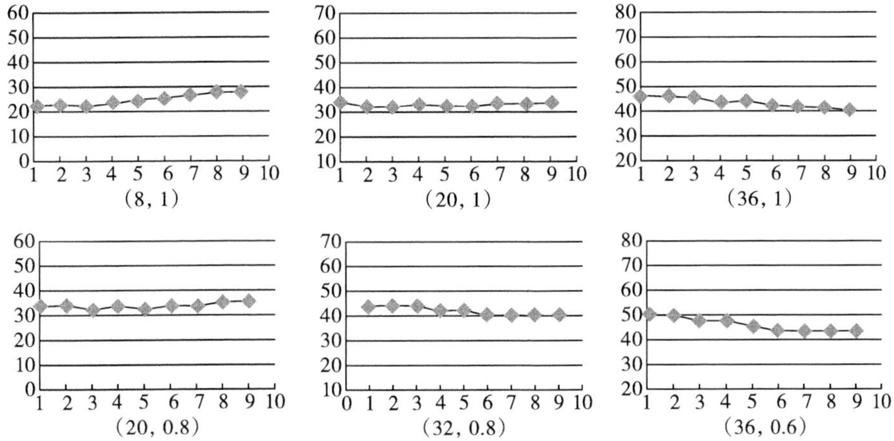

图 5-4 参与反向抵押贷款的居民消费路径

注：横轴表示退休后的期数，纵轴表示消费的数量。(8，1) 表示资产收入比为 8，房产占总资产的比为 1，其余的表示类似。

与住房反向抵押贷款后的消费变得非常平稳。此时，老年居民不用担心参与该贷款在生命终了后因房产归贷款机构所有而遗产数量达不到合意水平的问题。这样也就可以将资源合理地分配到生命周期中去，以提高终身的效用水平。反向抵押贷款年金支付的方式，实际上是让房屋的价值与终身年金的支付直接挂钩，即用房屋最终价值的现值（Present Value）来购买一笔终身年金，这样一种年金购买方式可能已经偏离了老年居民合意的年金购买数额。

在本章参数调整的替代情形中，我们将用一次性支付（Lump Sum）方式，来进行模拟分析。

（2）遗产动机变动情形下的模拟分析

在我国引入住房反向抵押贷款老年居民的参与度将会如何一直是公众热议的话题。我国居民较强的遗产动机可能会影响居民参与住房反向抵押贷款的热情。这里我们通过调整遗产动机强度的办法，即调整居民遗产动机因子 b，来分析遗产动机的强弱对老年居民参与反向抵押贷款的影响。

首先，我们将基准模型中的遗产馈赠动机因子由 2 调为 0，即居民无遗产馈赠动机，而保持其他参数不变。表 5 –6 报告了按资产收入比和房产占总资产比例划分的 50 类居民反向抵押贷款参与状况及消费变动情况。

表 5 –6　居民住房反向抵押贷款参与状况及平均消费倾向变动情况（$b=0$）

		房产占总资产的比例				
		0.2	0.4	0.6	0.8	1
资产收入比	4	—	—	0.18	0.19	0.17
	8	—	—	0.17	0.16	0.17
	12	—	0.20	0.17	0.16	0.15
	16	—	0.21	0.19	0.16	0.19
	20	—	0.25	0.18	0.22	0.22
	24	—	0.26	0.26	0.25	0.23
	28	—	0.29	0.27	0.27	0.24
	32	—	0.29	0.26	0.23	0.23
	36	—	0.31	0.28	0.24	0.23
	40	—	0.36	0.30	0.27	0.25

从表 5 –6 可以看出，与基准模型相比，当居民无遗产动机时，其反向抵押贷款的参与度明显提高。表格中所列出的 50 类家庭中，有 38 类居民参加了住房反向抵押贷款，比基准模型增加了 12 类。未参加住房反向抵押贷款的居民，通过进行房产交易将房屋资产变现用于消费。当无主动遗产动机时，虽然老年居民反向抵押贷款的参与度很高，但在参加该贷款后，平均消费倾向的增长幅度比基准模型中的增长幅度有所下降。这是因为当居民无遗产动机时，在未引入反向抵押贷款的情况下，其平均消费倾向已经较高，居民不惜背负较高的房屋搬迁成本，通过出售房产的形式来提高自身的消费。总体来说，随着资产收入比的提高，居民平均消费倾向的增长幅度呈递增趋势，但是随着房产在总资产中占比的提高，居民平均消费倾向的增长幅度却呈现下降趋势。这是因为随着房产在总资产中占比的提高，在未引入反向抵押贷款的情况下，家庭更倾向于通过出售大面积住房而购买较小面积住房，即通过交易房

产的形式，来提高自身的消费，所以反向抵押贷款的引入对其平均消费倾向的影响较小。

接下来，我们将基准模型中的遗产馈赠动机因子 b 由 2 调为 5，即相对基准模型来说，家庭此时有更强的遗产馈赠动机，而保持其他参数不变。表 5 –7 报告了按资产收入比和房产占总资产比例划分的 50 类居民反向抵押贷款参与状况及消费变动情况。

表 5 –7 居民住房反向抵押贷款参与状况及平均消费倾向变动情况（$b=5$）

		房产占总资产的比例				
		0.2	0.4	0.6	0.8	1
资产收入比	4	—	—	—	—	—
	8	—	—	—	—	0.31
	12	—	—	—	—	0.39
	16	—	—	—	—	0.40
	20	—	—	—	0.47	0.41
	24	—	—	—	0.54	0.46
	28	—	—	0.53	0.52	0.54
	32	—	—	0.55	0.53	0.58
	36	—	—	0.58	0.59	0.60
	40	—	—	0.61	0.63	0.65

注：“—”表示居民未参与住房反向抵押贷款，从而平均消费倾向没有发生变化。

从表 5 –7 中我们可以看出，当居民有较强遗产动机时，其反向抵押贷款的参与度明显降低。表格中所列出的 50 类家庭中，只有 19 类居民参加了住房方向抵押贷款，比基准情形减少了 7 类。较强的遗产馈赠动机确实会影响老年居民反向抵押贷款的参与度。当居民遗产动机增强时，虽然与基准模型相比，居民反向抵押贷款的参与度有所降低，但是在参加住房反向抵押贷款后，居民的平均消费倾向的增长幅度比基准模型中的增长幅度有所上升。这是因为当居民的遗产动机较强时，在未引入住房反向抵押贷款的情况下，其平均消费倾向较低。此时将房产变现需要出售房产，对于房产占比较高的居民来说，出售房产需要承担较高的房屋交易成本，从而在提高自身消费和将房产作为遗产馈赠给后代之间做权衡时，更倾向于后者。这样虽然遗产的数额可能已经超过了居民合意的水平，但是由于交易和心理成本的存在，居民仍然不愿意出售房产从而造成较多的被动遗产。住房反向抵押贷款的引入，可以使老年居民在保有原房屋居住权的情况下获得一笔可以自由支配的流动资金，避免了因房产交易而产生的交易成本和居所搬迁的心理成本，使参与反向抵押贷款的老年居民能够较多地提升自身的消费水平。

（3）住房反向抵押贷款利率变化情形下的模拟分析

金融机构开展住房反向抵押贷款可能会面临诸多风险，如房价波动风险等。为此，金融机构往往会提高住房反向抵押贷款的利率，以对面临的风险进行补偿。按照韩再（2014），将风险溢价设为3%，这样与基准模型相比，住房反向抵押贷款的利率由2.94%上升为5.94%。表5－8报告了按资产收入比和房产占总资产比例划分的50类居民反向抵押贷款参与状况及消费变动情况。

表5－8　居民住房反向抵押贷款参与状况及平均消费倾向变动情况（r_d = 5.94%）

		房产占总资产的比例				
		0.2	0.4	0.6	0.8	1
资产收入比	4	—	—	—	—	0.29
	8	—	—	—	—	0.22
	12	—	—	—	—	0.23
	16	—	—	—	—	0.19
	20	—	—	—	0.21	0.28
	24	—	—	0.26	0.23	0.18
	28	—	—	0.26	0.19	0.15
	32	—	—	0.32	0.25	0.21
	36	—	—	0.32	0.23	0.14
	40	—	—	0.32	0.26	0.14

随着住房反向抵押贷款利率的提高，相对于基准模型，老年居民住房反向抵押贷款的参与度明显降低。住房反向抵押贷款利率的提高，意

味着同样价值的房产所能得到的贷款额度的减少，这会抑制老年居民参与住房反向抵押贷款的积极性。从表格中所列出的50类居民来看，有21类参加了住房反向抵押贷款，比基准模型减少了5类。当住房反向抵押贷款的利率升高时，与基准模型相比，老年居民的平均消费倾向增长幅度有显著的下降，并且随着房产占总资产比例的增加，平均消费倾向的增长幅度总体呈现出递减趋势。这是因为当家庭总资产中有较多的房屋资产时，住房反向抵押贷款利率的提高使老年居民参与住房反向抵押贷款后所承担的利率损失就会越大，从而抑制了老年家庭消费的增长。

（4）住房偏好变化情形下的模拟分析

与金融资产不同，房屋资产既是一种资产的持有形式，也可以为居住者带来效用，即通常所说的房屋资产的双重属性。而效用函数中的住房偏好因子 θ 反映了居民对住房消费的重视程度。θ 越大，说明相对于一般消费品来说，家庭更看重房产的消费；当 θ 变小时，说明相对于一般消费品来说，家庭对房产消费的重视程度有所减弱。受传统文化的影响，我国家庭往往对住房消费的重视程度较高，在基准模型中，我们将住房偏好因子 θ 设为0.55，为了分析住房偏好降低对老年居民参加住房反向抵押贷款的影响，我们沿用黄民安（2013）将住房偏好因子设为0.25。表5－9所示为按资产收入比和房产占总资产比例划分的50类居民反向抵押贷款参与状况及消费变动情况。

表5－9 居民住房反向抵押贷款参与状况及平均消费倾向变动情况（θ = 0.25）

		房产占总资产的比例				
		0.2	0.4	0.6	0.8	1
资产收入比	4	—	—	—	—	0.14
	8	—	—	—	—	0.13
	12	—	—	—	0.16	0.14
	16	—	—	0.23	0.19	0.17
	20	—	—	0.22	0.19	0.170.21

续表

		房产占总资产的比例				
		0.2	0.4	0.6	0.8	1
资产收入比	24	—	—	0.25	0.23	0.21
	28	—	—	0.26	0.23	0.21
	32	—	—	0.27	0.25	0.22
	36	—	0.29	0.27	0.24	0.22
	40	—	0.28	0.28	0.28	0.25

从表5－9的结果可以看出，当居民的住房偏好减少时，与基准模型相比，老年居民反向抵押贷款的参与度变化不大。当住房偏好下降时，与基准模型相比，老年居民的平均消费倾向增长幅度有明显的下降。这是因为当居民的住房偏好下降时，在没有住房反向抵押贷款的情况下，居民更愿意通过出售房产的方式获得流动性，来提高自身的消费。也就说在没有住房反向抵押贷款的情况下，居民也会维持一个较高的消费水平，所以住房反向抵押贷款的引入对居民平均消费倾向的影响没有基准模型那么明显。

（5）房价预期涨幅变化情形下的模拟分析

房价预期涨幅是决定住房反向抵押贷款额的一个重要因素。当预期房价涨幅大的时候，反向抵押贷款的发放额就高，当预期房价涨幅小的时候，反向抵押贷款的发放额就低。5.3.3节利用1998—2013年的宏观年度数据，得出我国房价的年均增长率为5.52%。考虑到我国房价在未来可能存在下行趋势，所以在基准参数设定中，将房价的年增长率同金融资产的年收益率保持一致，取为3.61%。为了研究房价预期涨幅变化对居民参与住房反向抵押贷款的影响，这里我们将房价的预期年增长率取为5.52%。表5－10报告了按资产收入比和房产占总资产比例划分的50类居民反向抵押贷款参与状况及消费变动情况。

表 5 - 10 居民住房反向抵押贷款参与状况及平均消费倾向变动情况（η = 5.52%）

		房产占总资产的比例				
		0.2	0.4	0.6	0.8	1
资产收入比	4	—	—	—	—	—
	8	—	—	—	—	—
	12	—	—	—	—	0.36
	16	—	—	—	0.40	0.37
	20	—	—	—	0.51	0.50
	24	—	—	—	0.52	0.62
	28	—	—	—	0.65	0.63
	32	—	—	0.52	0.75	0.84
	36	—	—	0.70	0.76	0.90
	40	—	—	0.82	0.81	0.96

结果显示，当房价预期涨幅增加时，与基准情形相比，居民住房反向抵押贷款的参与度有明显的下降。在表 5 - 10 所列的 50 种居民类型中，有 18 种参加了住房反向抵押贷款，比基准模型减少了 8 种。这是因为当房价预期涨幅增加时，房产持有相当较少的居民会增加房产的持有量，从而放弃在退休当前参与住房反向抵押贷款的机会。当房价预期涨幅增加时，虽然居民住房反向抵押贷款的参与度有所降低，但是选择参与该项贷款居民的平均消费倾向有较大幅度的提升。这是因为房价预期涨幅的增加会导致住房反向抵押贷款支付额的增长，从而刺激了退休居民消费支出的增长。

（6）相对风险厌恶系数变化情形下的模拟分析

相对风险厌恶系数 γ 反映了居民对于风险的态度，γ 值越大居民对风险的厌恶程度就越高。在基准模型中，我们将 γ 值设为 1.29，这里我们将 γ 值设为 2，以便考察居民风险厌恶程度的提高对参与住房反向抵押贷款的影响。表 5 - 11 报告了按资产收入比和房产占总资产比例划分的 50 类居民反向抵押贷款参与状况及消费变动情况。

表 5－11　居民住房反向抵押贷款参与状况及平均消费倾向变动情况（$\gamma=2$）

		房产占总资产的比例				
		0.2	0.4	0.6	0.8	1
资产收入比	4	—	—	—	0.18	0.17
	8	—	—	0.20	0.25	0.22
	12	—	—	0.23	0.23	0.26
	16	—	—	0.25	0.20	0.24
	20	—	—	0.32	0.28	0.27
	24	—	—	0.27	0.31	0.30
	28	—	—	0.32	0.34	0.30
	32	—	—	0.32	0.34	0.33
	36	—	0.44	0.38	0.36	0.38
	40	—	0.48	0.41	0.40	0.39

结果显示，随着风险厌恶系数的提高，与基本情形相比，居民住房反向抵押贷款的参与度明显提高了。在表 5－11 所列的 50 种居民类型中，有 31 种参加了住房反向抵押贷款，比基准模型增加了 5 种。造成这一现象的原因是，当居民的风险厌恶系数提高时，家庭更加倾向于规避风险，若家庭参加住房反向抵押贷款，则金融机构按照房价的平均增长率来计算居民所能获得的贷款数额，而如果不参加住房反向抵押贷款，则居民需要自己承担房价波动的风险。与基准模型相比，当家庭的风险厌恶系数增加时，参与反向抵押贷款后，老年居民的平均消费倾向增长幅度有所下降。这是因为当风险厌恶系数增加时，在没有住房反向抵押贷款的情况下，家庭倾向于持有较少的房产，这样相应增加了家庭的消费，所以在引入住房反向抵押贷款后，居民平均消费倾向的增长幅度比基准模型中的增长幅度低。

（7）住房反向抵押贷款费率变化情形下的模拟分析

住房反向抵押贷款的交易费用主要包括发起费、保险费以及其他交易费用，在基准模型中，韩再（2014）以美国为参照将住房反向抵押贷款的费率设为6%，在基准模型中，我们沿用了这一费率。考虑到我国相关市场发展程度，这里将住房反向抵押贷款的费率设为 8%，以考察住房反向抵押贷款费率升高对居民参与反向抵押贷款的影响。表 5 – 12报告了按资产收入比和房产占总资产比例划分的 50 类居民反向抵押贷款参与状况及消费变动情况。

表 5 – 12 居民住房反向抵押贷款参与状况及平均消费倾向变动情况（ω = 8%）

		房产占总资产的比例				
		0.2	0.4	0.6	0.8	1
资产收入比	4	—	—	—	—	0.29
	8	—	—	—	—	0.30
	12	—	—	—	—	0.32
	16	—	—	—	0.34	0.35
	20	—	—	—	0.38	0.40
	24	—	—	0.42	0.44	0.42
	28	—	—	0.43	0.45	0.44
	32	—	—	0.49	0.50	0.52
	36	—	—	0.50	0.52	0.55
	40	—	0.56	0.57	0.59	0.60

随着住房反向抵押贷款费率的提高，相对于基准模型，居民住房反向抵押贷款的参与度有所下降。表格中所列出的 50 类居民中，只有 23 类家庭参加了住房反向抵押贷款，比基准情形减少了 3 类。与基准模型相比，当住房反向抵押贷款的费率从 6% 提高到 8% 时，老年居民的平均消费倾向增长幅度有所下降，但下降不明显。这是因为当住房反向抵押贷款费率提高后，参与住房反向抵押贷款的家庭所缴纳的费用有所增加，从而降低了他们参加反向抵押贷款后的消费。但由于费率的提高幅度不太大，所以对家庭的消费影响较小。

5.5.2.2 退休后各期都可选择住房反向抵押贷款对居民消费的影响

此小节我们放宽居民只有在退休当前选择是否参加住房反向抵押贷

款的假设。居民可以在退休后的任何一期选择是否参加住房反向抵押贷款。这样我们可以进一步研究居民参与住房反向抵押贷款的时机选择和平均消费倾向的变化情况。为便于比较，以下将只有在退休当前可以选择是否参加住房反向抵押贷款的情形称为简单情形。

（1）基准情形模拟分析

如果在退休以后的任何一期都可以选择是否参加住房反向抵押贷款，则居民可以选择在退休后的第一期，即 61 ~ 65 岁参加，也可以在以后的各期参加，如：退休后的第二期、第三期直至生命的最后一期。当然居民也可以选择各期都不参加住房反向抵押贷款。表 5 – 13 报告了在基准参数设定下，按资产收入比和房产占总资产比例划分的 50 类居民参与住房反向抵押贷款的情况。

表 5 – 13　居民参与住房反向抵押贷款的时间选择情况

		房产占总资产的比例				
		0.2	0.4	0.6	0.8	1
资产收入比	4	—	—	—	71 ~ 75	61 ~ 65
	8	—	—	71 ~ 75	66 ~ 70	61 ~ 65
	12	—	—	66 ~ 70	61 ~ 65	61 ~ 65
	16	—	—	66 ~ 70	61 ~ 65	61 ~ 65
	20	—	—	66 ~ 70	61 ~ 65	61 ~ 65
	24	—	—	61 ~ 65	61 ~ 65	61 ~ 65
	28	—	66 ~ 70	61 ~ 65	61 ~ 65	61 ~ 65
	32	—	66 ~ 70	61 ~ 65	61 ~ 65	61 ~ 65
	36	—	61 ~ 65	61 ~ 65	61 ~ 65	61 ~ 65
	40	—	61 ~ 65	61 ~ 65	61 ~ 65	61 ~ 65

注：“—”代表居民在退休后各期均不参与住房反向抵押贷款；“61 ~ 65”表示家庭在 61 ~ 65 岁参加住房反向抵押贷款，其余的表示类似。

与只有退休当前可选择是否参加住房反向抵押贷款相比，退休后各期均可参加住房反向抵押贷款，使更多类型的居民加入了选择住房抵押贷款的行列。在表 5 – 13 所列的 50 种居民类型中，有 33 种参加了住房反向抵押贷款，比只有在退休当前可以选择是否参与反向抵押贷款的情形相比增加了7种。对于资产收入比较低的居民来说，在退休后各期均可参加住房反向抵押贷款的情况下，其最优策略是推迟进入反向抵押贷款市场的时间，这是因为一旦进入该市场，居民就无法自由地调整房产的持有水平，而对于资产水平较低的居民来说，选择在退休当前增加房产的持有，然后在以后各期选择是否进入反向抵押贷款市场可能更为有利。表5－14给出了居民可择时参加住房反向抵押贷款的平均消费倾向变化情况。

表5－14 居民可择时参加住房反向抵押贷款的平均消费倾向变化

		房产占总资产的比例				
		0.2	0.4	0.6	0.8	1
资产收入比	4	—	—	—	0.25	0.29
	8	—	—	0.24	0.26	0.30
	12	—	—	0.28	0.30	0.33
	16	—	—	0.32	0.34	0.35
	20	—	—	0.40	0.43	0.45
	24	—	—	0.43	0.45	0.46
	28	—	0.41	0.43	0.45	0.46
	32	—	0.44	0.50	0.52	0.55
	36	—	0.51	0.52	0.53	0.55
	40	—	0.57	0.58	0.60	0.65

注：“—”表示居民的平均消费倾向没有发生变化。

从表5－14可以看出，当居民可以自由选择何时参加反向抵押贷款时，不仅参与住房反向抵押贷款的居民类型比简单情形（只有退休可选择是否参加反向抵押贷款）多了7类，而且对于推迟参加反向抵押贷款的居民来说，其平均消费倾向增加幅度也有所降低，如资产收入比为20、房产占总资产的比例为0.6的居民来说，其平均消费倾向增加幅度由简单情形中的0.42减小到了0.40。这是因为这类居民的房产持有量较少，所以在退休当期增加了房产的持有，从而挤压了消费。在这种情况下，虽然消费有所减少，但居民可以从增加的房产消费中获取更多的效用补偿。

（2）遗产动机变化情形下的模拟分析

这里我们研究遗产动机变化对居民参加住房反向抵押贷款时机和平均消费倾向的影响。首先，我们将基准参数设定中的遗产馈赠动机因子 b 由 2 调为 0，即居民无遗产馈赠动机，而保持其他参数不变。表 5 - 15 报告了按资产收入比和房产占总资产比例划分的 50 类居民的选择情况。

表 5 - 15　居民参与住房反向抵押贷款的时间选择情况（$b = 0$）

		房产占总资产的比例				
		0.2	0.4	0.6	0.8	1
资产收入比	4	—	—	66 ~ 70	61 ~ 65	61 ~ 65
	8	—	66 ~ 70	61 ~ 65	61 ~ 65	61 ~ 65
	12	—	66 ~ 70	61 ~ 65	61 ~ 65	61 ~ 65
	16	—	66 ~ 70	66 ~ 70	61 ~ 65	61 ~ 65
	20	—	66 ~ 70	66 ~ 70	61 ~ 65	61 ~ 65
	24	—	66 ~ 70	61 ~ 65	61 ~ 65	61 ~ 65
	28	—	66 ~ 70	61 ~ 65	61 ~ 65	61 ~ 65
	32	—	66 ~ 70	61 ~ 65	61 ~ 65	61 ~ 65
	36	—	66 ~ 70	61 ~ 65	61 ~ 65	61 ~ 65
	40	66 ~ 70	66 ~ 70	61 ~ 65	61 ~ 65	61 ~ 65

注：“—”表示居民的平均消费倾向没有发生变化。

从表 5 - 15 可以看出，当居民无遗产动机，并且可以选择在退休以后的任何一期参与反向抵押贷款时，居民反向抵押贷款的参与度比简单情形有所提高。表格中所列出的 50 类居民中，有 40 类参加了住房反向抵押贷款，比简单情形增加了 2 类。未参加住房反向抵押贷款的家庭通过退休后进行房产交易将房屋资产变现用于消费。

表 5 - 16 报告了当居民无主动遗产动机，并且可以在退休以后的任何一期选择是否参与住房反向抵押贷款的情况下，老年居民平均消费倾向的变动情况。

表 5-16 参加住房反向抵押贷款家庭的平均消费倾向变动情况（$b=0$）

		房产占总资产的比例				
		0.2	0.4	0.6	0.8	1
资产收入比	4	—	—	0.18	0.19	0.17
	8	—	0.20	0.17	0.16	0.17
	12	—	0.20	0.17	0.16	0.15
	16	—	0.21	0.19	0.16	0.19
	20	—	0.25	0.18	0.22	0.22
	24	—	0.26	0.26	0.25	0.23
	28	—	0.29	0.27	0.27	0.24
	32	—	0.29	0.26	0.23	0.23
	36	—	0.31	0.28	0.24	0.23
	40	0.34	0.34	0.30	0.27	0.25

表 5-16 的结果显示，当居民无遗产动机时，与简单情形相比，推迟参加反向抵押贷款家庭的平均消费倾向增长幅度变化不大。

接下来，我们将基准模型中的遗产馈赠动机因子由 2 调为 5，即相对应基准模型来说，居民此时有更强的遗产馈赠动机，而保持其他参数不变。表 5-17 报告了按资产收入比和房产占总资产比例划分的 50 类居民参与住房反向抵押贷款的时机选择情况。

表 5-17 居民参与住房反向抵押贷款的时间选择情况（$b=5$）

		房产占总资产的比例				
		0.2	0.4	0.6	0.8	1
资产收入比	4	—	—	—	—	66~70
	8	—	—	—	—	61~65
	12	—	—	—	—	61~65
	16	—	—	—	66~70	61~65
	20	—	—	—	61~65	61~65
	24	—	—	—	61~65	61~65
	28	—	—	61~65	61~65	61~65
	32	—	—	61~65	61~65	61~65

续表

		房产占总资产的比例				
		0.2	0.4	0.6	0.8	1
资产收入比	36	—	—	61～65	61～65	61～65
	40	—	66～70	61～65	61～65	61～65

从表5－17可以看出，当居民有较强的遗产动机时，并且可以选择在退休以后的任何一期参与反向抵押贷款的情况下，住房反向抵押贷款的参与度比简单情形下有所提高。表格中所列出的50类家庭中有22类家庭参加了住房方向抵押贷款，比简单情形下增加了3类家庭。

与表5－7中遗产动机因子为5的简单情形相比，当家庭可以选择在退休以后的任何一期参与反向抵押贷款时，引入住房反向抵押贷款前后，家庭平均消费倾向的变动情况显示在表5－18中。

表5－18　参加住房反向抵押贷款居民的平均消费倾向变动情况（$b=5$）

		房产占总资产的比例				
		0.2	0.4	0.6	0.8	1
资产收入比	4	—	—	—	—	0.24
	8	—	—	—	—	0.31
	12	—	—	—	—	0.39
	16	—	—	—	0.47	0.40
	20	—	—	—	0.47	0.41
	24	—	—	—	0.54	0.46
	28	—	—	0.53	0.52	0.54
	32	—	—	0.55	0.53	0.58
	36	—	—	0.58	0.59	0.60
	40	—	0.57	0.61	0.63	0.65

注："—"表示居民的平均消费倾向没有发生变化。

表5－18显示的结果与简单情形的表5－7的结果相比，可以看出，当居民可以选择在退休以后的任何一期参与反向抵押贷款时，除新增的3类加入反向抵押贷款的居民以外的其他居民并没有改变反向抵押贷款

的参与时间，因此平均消费倾向增长幅度没有变化。这也说明了当遗产动机较强时，居民参加反向抵押贷款的时机具有某种稳定性。

（3）住房反向抵押贷款利率变化情形下的模拟分析

当住房反向抵押贷款的利率由 2.94% 上升为 5.94% 时，居民选择参与住房反向抵押贷款的时机会如何变化？表 5－19 报告了按资产收入比和房产占总资产比例划分的 50 类居民参与住房反向抵押贷款的时机选择情况。

表 5－19　居民参与住房反向抵押贷款的时间选择情况（r_d = 5.94%）

		房产占总资产的比例				
		0.2	0.4	0.6	0.8	1
资产收入比	4	—	—	—	—	61～65
	8	—	—	—	—	61～65
	12	—	—	—	66～70	61～65
	16	—	—	—	66～70	61～65
	20	—	—	66～70	61～65	61～65
	24	—	—	66～70	61～65	61～65
	28	—	—	66～70	61～65	61～65
	32	—	—	66～70	61～65	61～65
	36	—	—	66～70	61～65	61～65
	40	—	66～70	66～70	61～65	61～65

随着住房反向抵押贷款利率的提高，相对于简单情形，老年居民住房反向抵押贷款的参与度有所提高。从表格中所列出的 50 类居民来看，有 25 类参加了住房方向抵押贷款，比简单情形增加了 4 类家庭。另有 5 类居民将参加住房反向抵押贷款的时间向后推迟了一期，这是因为对于这些家庭来说，退休当前的资产组合中尚有较多的金融资产，可以较好支持当前的消费，反向抵押贷款利率的提升使得家庭推迟贷款从而减少利率的支付。

表 5－20 进一步报告了当住房反向抵押贷款的利率上升为 5.94% 时参加住房反向抵押贷款居民的平均消费倾向变动情况。

表 5－20　参加住房反向抵押贷款居民的平均消费倾向变动情况（r_d = 5.94%）

		房产占总资产的比例				
		0.2	0.4	0.6	0.8	1
资产收入比	4	—	—	—	—	0.29
	8	—	—	—	—	0.22
	12	—	—	—	0.21	0.21
	16	—	—	—	0.21	0.19
	20	—	—	0.25	0.21	0.21
	24	—	—	0.28	0.23	0.18
	28	—	—	0.28	0.19	0.15
	32	—	—	0.33	0.25	0.21
	36	—	—	0.34	0.23	0.14
	40	—	0.35	0.34	0.26	0.14

从表 5－20 显示的结果可以看出，当住房反向抵押贷款的利率升高时，与简单情形相比，推迟参加反向抵押贷款的老年家庭平均消费倾向的增长幅度有所增加。这正是因为家庭推迟参加反向抵押贷款，从而减少利息支付的结果。

（4）住房偏好变化情形下的模拟分析

当住房偏好下降时，退休居民选择参加住房反向抵押贷款的时机会如何变化？表 5－21 报告了住房偏好因子 θ 由 0.55 下降到 0.25 时，按资产收入比和房产占总资产比例划分的 50 类居民参与住房反向抵押贷款的时机选择情况。

表 5－21　居民参与住房反向抵押贷款的时间选择情况（θ = 0.25）

		房产占总资产的比例				
		0.2	0.4	0.6	0.8	1
资产收入比	4	—	—	—	—	61～65
	8	—	—	—	66～70	61～65
	12	—	—	66～70	61～65	61～65
	16	—	—	61～65	61～65	61～65

续表

		房产占总资产的比例				
		0.2	0.4	0.6	0.8	1
资产收入比	20	—	—	61~65	61~65	61~65
	24	—	—	61~65	61~65	61~65
	28	—	66~70	61~65	61~65	61~65
	32	—	66~70	61~65	61~65	61~65
	36	—	61~65	61~65	61~65	61~65
	40	—	61~65	61~65	61~65	61~65

从表5-21的结果可以看出，当家庭的住房偏好减少时，相对于简单情形，老年家庭住房反向抵押贷款的参与度有所提高。从表格中所列出的50类居民来看，有31类参加了住房方向抵押贷款，比简单情形增加了4类家庭，分别为（8，0.8）、（12，0.6）、（28，0.4）、（32，0.4）这4类家庭，这些家庭都是在退休后的第二期参加住房反向抵押贷款，在退休当期，由于房产持有量较少，而增加了房产的持有。其他类型家庭参与住房反向抵押贷款的时间选择未发生改变。

与表5-9中住房偏好因子 θ 为0.25简单情形相对应，当居民可以选择在退休以后的任何一期参与反向抵押贷款时，引入住房反向抵押贷款前后居民平均消费倾向的变动情况显示在表5-22中。

表5-22 参加住房反向抵押贷款居民的平均消费倾向变动情况（$\theta=0.25$）

		房产占总资产的比例				
		0.2	0.4	0.6	0.8	1
资产收入比	4	—	—	—	—	0.14
	8	—	—	—	0.14	0.13
	12	—	—	0.18	0.16	0.14
	16	—	—	0.23	0.19	0.17
	20	—	—	0.22	0.19	0.17
	24	—	—	0.25	0.23	0.21
	28	—	0.14	0.26	0.23	0.21

续表

		房产占总资产的比例				
		0.2	0.4	0.6	0.8	1
资产收入比	32	—	0.15	0.27	0.25	0.22
	36	—	0.29	0.27	0.24	0.22
	40	—	0.28	0.28	0.28	0.25

从表 5－22 可以看出，当住房偏好下降时，与简单情形相比，推迟一期参加住房反向抵押贷款的 4 类居民的平均消费倾向的增长幅度不太大。这是因为这 4 类家庭都增加了房产的持有，从而挤压了他们整个老年期一般消费品的消费。

（5）房价预期涨幅变化情形下的模拟分析

当房价预期涨幅增加时，居民选择住房抵押贷款的时机会如何变动？表 5－23 报告了房价预期年增长率由 3.61% 上升到 5.52% 时按资产收入比和房产占总资产比例划分的 50 类居民参与住房反向抵押贷款的时机选择情况。

表 5－23　居民参与住房反向抵押贷款的时间选择情况

		房产占总资产的比例				
		0.2	0.4	0.6	0.8	1
资产收入比	4	—	—	—	—	76～80
	8	—	—	—	71～75	66～70
	12	—	—	—	66～70	61～65
	16	—	—	66～70	61～65	61～65
	20	—	—	66～70	61～65	61～65
	24	—	—	66～70	61～65	61～65
	28	—	—	66～70	61～65	61～65
	32	—	66～70	66～70	61～65	61～65
	36	—	66～70	66～70	61～65	61～65
	40	66～70	66～70	66～70	61～65	61～65

从表 5－23 的结果可以看出，与简单情形相比，当居民可以在退休

后的任何一期参与住房反向抵押贷款时，老年居民住房反向抵押贷款的参与度大幅提升，有 30 种类型的居民参与了该贷款，比简单情形增加了 12 种，还有 3 类居民推迟一期参与住房反向抵押贷款。造成这一现象的原因是当房价预期涨幅增加时，房产持有量相对较少的家庭会增加房产的持有，从而推迟了参与住房反向抵押贷款的时间。

与表5－10 中房价预期涨幅为5.52%的简单情形相比，当可以选择在退休以后的任何一期参与反向抵押贷款时，引入住房反向抵押贷款后，居民平均消费倾向的变动情况显示在表5－24 中。

表5－24 参与住房反向抵押贷款居民的平均消费倾向变动情况

		房产占总资产的比例				
		0.2	0.4	0.6	0.8	1
资产收入比	4	—	—	—	—	0.34
	8	—	—	—	0.35	0.23
	12	—	—	—	0.33	0.36
	16	—	—	0.46	0.40	0.37
	20	—	—	0.58	0.51	0.50
	24	—	—	0.49	0.52	0.62
	28	—	—	0.68	0.65	0.63
	32	—	0.71	0.62	0.75	0.84
	36	—	0.82	0.79	0.76	0.90
	40	0.91	0.89	0.90	0.81	0.96

从表5－24 显示的结果可以看出，当房价预期涨幅增加时，与简单情形相比，推迟参与住房反向抵押贷款居民的平均消费倾向增幅有所提高。这是因为，当居民增加房产持有从而推迟参加住房反向抵押贷款时，在房产持有量增加的情况下房价预期涨幅的增加可以为居民带来更高的反向抵押贷款支付额。贷款支付额的增加可以有利地提升居民的消费数量。

（6）相对风险厌恶系数变化情形下的模拟分析

相对风险厌恶系数 γ 反映了居民对于风险的态度，γ 值越大居民对风险的厌恶程度就越高。在基准模型中，我们将 γ 值设为 1.29，这里我们将 γ 值设为 2，以便考察风险厌恶程度的提高对居民参与住房反向抵押贷款的影响。当风险厌恶程度上升时，居民选择参加住房反向抵押贷款的时机会如何变化？表 5 – 25 报告了相对风险厌恶系数 γ 由 1.29 上升到 2 时，按资产收入比和房产占总资产比例划分的 50 类居民参与住房反向抵押贷款的时机选择情况。

表 5 – 25　居民参与住房反向抵押贷款的时间选择情况（γ = 2）

		房产占总资产的比例				
		0.2	0.4	0.6	0.8	1
资产收入比	4	—	—	—	61 ~ 65	61 ~ 65
	8	—	—	61 ~ 65	61 ~ 65	61 ~ 65
	12	—	—	61 ~ 65	61 ~ 65	61 ~ 65
	16	—	—	61 ~ 65	61 ~ 65	61 ~ 65
	20	—	—	66 ~ 70	61 ~ 65	61 ~ 65
	24	—	—	66 ~ 70	61 ~ 65	61 ~ 65
	28	—	66 ~ 70	66 ~ 70	61 ~ 65	61 ~ 65
	32	—	66 ~ 70	66 ~ 70	61 ~ 65	61 ~ 65
	36	—	66 ~ 70	66 ~ 70	61 ~ 65	61 ~ 65
	40	—	66 ~ 70	66 ~ 70	61 ~ 65	61 ~ 65

注：“—”表示居民的平均消费倾向没有发生变化。

结果显示，随着相当风险厌恶系数的提高，老年居民住房反向抵押贷款的参与度有所提高。从表格中所列出的 50 类家庭来看，有 30 类家庭参加了住房反向抵押贷款，比简单情形增加了 2 类家庭，分别为（28，0.4）、（32，0.4）这 2 类居民。而对于资产收入较高（≥ 20）、房产占总资产比较低（≤ 0.6）的居民来说，在退休后，可以自由选择参加住房反向抵押贷款时机的情况下，其参加反向抵押贷款时间都向后推迟了一期，而在退休当前都增加了房产的持有。这是因为，在这些家庭的资产组合中，房产所占的比重相对较低，增加房产的持有，并在下一期参加住房反向抵押贷款。

与表 5－11 中居民风险厌恶系数 γ 为 2 的简单情形相对，当可以选择在退休以后的任何一期参与反向抵押贷款时，引入住房反向抵押贷款前后，居民平均消费倾向的变动情况显示在表 5－26 中。

表 5－26　参加住房反向抵押贷款居民的平均消费倾向变动情况（$\gamma=2$）

		房产占总资产的比例				
		0.2	0.4	0.6	0.8	1
资产收入比	4	—	—	—	0.18	0.17
	8	—	—	0.20	0.25	0.22
	12	—	—	0.23	0.23	0.26
	16	—	—	0.25	0.20	0.24
	20	—	—	0.31	0.28	0.27
	24	—	—	0.24	0.31	0.30
	28	—	0.33	0.28	0.34	0.30
	32	—	0.34	0.27	0.34	0.33
	36	—	0.37	0.33	0.36	0.38
	40	—	0.39	0.34	0.40	0.39

注：“—”表示居民的平均消费倾向没有发生变化。

表 5－26 显示的结果表明，当家庭风险厌恶程度增加时，与简单情形相比，推迟一期参加住房反向抵押贷款的 8 类居民的平均消费倾向的增长幅度都有所下降。这是因为，当可以自由选择参加住房反向抵押贷款时间时，退休当期增加房产持有，从而推迟参加反向抵押贷款的居民因房产持有的增加而挤压了整个老年期一般消费品的消费。

（7）住房反向抵押贷款费率变化情形下的模拟分析

住房反向抵押贷款的交易费用，主要包括发起费、保险费以及其他交易费用，在基准模型中，韩再（2014）以美国为参照将住房反向抵押贷款的费率设为 6%，在基准模型中，我们沿用了这一费率。考虑到我国相关市场的发展程度，这里我们将住房反向抵押贷款的费率设为 8%，在居民可以在退休后自由选择参加住房反向抵押贷款时机的情况下，考察其选择住房反向抵押贷款的时机变化和对其平均消费率的影响。当住房反向抵押贷款的费率提高时，居民选择参加住房反向抵押贷款的时机会如何变化？表 5－27 报告了住房反向抵押贷款费率 ω 由 6% 上升到 8% 时，按资产收入比和房产占总资产比例划分的 50 类居民参与住房反向抵押贷款的时机选择情况。

表 5－27　居民参与住房反向抵押贷款的选择情况（ω ＝ 8%）

		房产占总资产的比例				
		0.2	0.4	0.6	0.8	1
资产收入比	4	—	—	—	—	61～65
	8	—	—	—	—	61～65
	12	—	—	—	66～70	61～65
	16	—	—	66～70	61～65	61～65
	20	—	—	66～70	61～65	61～65
	24	—	—	66～70	61～65	61～65
	28	—	—	66～70	61～65	61～65
	32	—	—	66～70	61～65	61～65
	36	—	66～70	66～70	61～65	61～65
	40	—	66～70	66～70	61～65	61～65

注：“—”表示居民的平均消费倾向没有发生变化。

结果显示，在反向抵押贷款交易费率为 8% 的情况下，如果居民可以在退休后自由选择参加住房反向抵押贷款的时机，则与表 5－12 所列的简单情形相比，有 27 类居民参加了住房反向抵押贷款，比简单情形增加了 4 类。另有 6 类居民推迟了参加住房反向抵押贷款的时间。这是因为对于这 6 类居民来说，其总资产中房产所占的比重较低，所以其最优选择是在退休当期增加房产的持有数量，在房产持有数量达到合意的水平后，再参与反向抵押贷款。

与表 5－12 中住房反向抵押贷款的费率 ω 为 8% 时的简单情形相对，当可以选择在退休以后的任何一期参与反向抵押贷款时，引入住房反向抵押贷款前后居民平均消费倾向的变动情况显示在表 5－28 中。

表 5-28 参加住房反向抵押贷款居民的平均消费倾向变动情况（$\omega = 8\%$）

		房产占总资产的比例				
		0.2	0.4	0.6	0.8	1
资产收入比	4	—	—	—	—	0.29
	8	—	—	—	—	0.30
	12	—	—	—	0.30	0.32
	16	—	—	0.33	0.34	0.35
	20	—	—	0.42	0.38	0.40
	24	—	—	0.38	0.44	0.42
	28	—	0.33	0.39	0.45	0.44
	32	—	0.44	0.45	0.50	0.52
	36	—	0.45	0.48	0.52	0.55
	40	—	0.54	0.48	0.59	0.60

注："—"表示居民的平均消费倾向没有发生变化。

从表 5-28 可以看出，当住房反向抵押贷款的费率从 6% 提高到 8% 时，与简单情形相比，推迟参加住房反向抵押贷款的 8 类居民的平均消费倾向的增长幅度都有所下降。这是因为，当可以自由选择参加住房反向抵押贷款时间时，退休当期增加房产持有，从而推迟参加反向抵押贷款的居民因房产持有的增加而挤压了整个老年期一般消费品的消费。

5.6 本章小结

本章在生命周期的分析框架下，考察了住房反向抵押贷款引入后各类居民参与该贷款的决策，以及参与住房反向抵押贷款对其消费的影响。所得出的结论显示：

当以年金方式支付住房反向抵押贷款，且居民仅在退休当期能参与住房反向抵押贷款的情况下，本章模拟结果表明，资产收入比高且房产在总资产中占比高的老年居民会参与住房反向抵押贷款，这些老年居民即通常所说的"房产富人，现金穷人"。参与住房反向抵押贷款后，退休期的平均消费倾向（APC）有较大幅度的提升。总体来说，随着资产收入比和房产在总资产中占比的提升，老年居民参与住房反向抵押贷款后平均消费倾向的增加幅度也随之上升。

当以年金方式支付住房反向抵押贷款，且居民可在退休后各期选择住房反向抵押贷款时，与只可在退休当期参与住房反向抵押贷款的情形相比，居民住房反向抵押贷款的参与度有所提升，部分居民推迟了参与住房反向抵押贷款的时间。这部分退休居民的特征是占有相对较多的金融资产，房产在总资产中的占比相对较少，从而有意增加房产的持有，然后再参与住房反向抵押贷款。除此之外，模拟结果所得出的结论与只允许退休当期参与住房反向抵押贷款的结论相差不大。

当以年金方式支付住房反向抵押贷款时，通过对参与该贷款居民退休期的消费路径进行分析后发现，在老年居民遗产动机强度一定的情况下，以年金形式支付反向抵押贷款，可能会使老年居民在退休生活的前期仍然维持相对较低的消费水平，以便积攒一定的资金用于可能的遗产馈赠。反向抵押贷款年金支付的方式，实际上是让房屋的价值与终身年金的支付直接挂钩，即用房屋最终价值来购买一笔终身年金，这样一种年金购买方式可能已经偏离了老年居民合意的年金购买数额。

当以一次性方式支付住房反向抵押贷款时，和以年金形式支付的情形一样，还是资产收入比高且房产在总资产中占比高的老年居民愿意参与住房反向抵押贷款。在居民仅在退休当期能参与住房反向抵押贷款的情况下，与基准情形相比，当居民的遗产馈赠动机降低时，在引入反向抵押贷款后，会有更多的居民参与住房反向抵押贷款，但是参与反向抵押贷款后平均消费倾向的增加幅度却低于基准情形。这是因为当居民的遗产馈赠动机降低时，在未引入反向抵押贷款前，退休居民会更倾向于通过交易房产的形式释放消费的潜力，所以在引入住房反向抵押贷款后，居民退休期的平均消费倾向增长幅度不太明显。反之，当居民的遗产馈赠动机增加时，在引入反向抵押贷款后，有较少的居民参与住房反向抵押贷款，但是参与反向抵押贷款后平均消费倾向的增加幅度却高于基准情形。与基准情形相比，当住房反向抵押贷款的利率增加时，老年居民的参与度有所下降，且参加该贷款居民的平均消费倾向增长幅度有所降低。这是因为，贷款利率的增加抑制了老年居民参与该贷款的积极性，部分居民即使参加了该项贷款也因利率增加，导致贷款支付额的减少，从而难以大幅增加消费。在居民住房偏好降低的情况下，老年居民反向抵押贷款的参与度变化不大，但是参加该项贷款居民的平均消费倾向增长幅度明显减弱。这是因为在住房偏好降低的情况下，老年居民在没有反向抵押贷款的情况下，更偏向于出售房产以获得消费所需的资金，从而平均消费倾向已经较高。在预期房价涨幅增加的情况下，老年居民反向抵押贷款的参与度有所下降，但参与该项贷款居民的平均消费倾向有较大幅度提高。造成这一现象的原因是，房价预期涨幅的提高会促使一部分房产持有量较低的居民增加房产的持有，从而放弃参与住房反向抵押贷款的机会，而选择参与该项贷款的居民会因贷款支付额的提高而增加消费。在相对风险厌恶系数增大的情况下，老年居民住房反向抵押贷款的参与度有所提升，但参加该项贷款居民的平均消费倾向增长幅度有所降低。这是因为当风险厌恶程度提高时，居民更倾向于参加反向抵押贷款以规避房价波动的风险，另外风险厌恶程度的提高，也使得居民在没有反向抵押贷款的情况下，持有较少的房产，从而释放出消费的潜力。当参加住房反向抵押贷款的费率提高时，老年居民参与该贷款的意愿降低，且参加该贷款后，平均消费倾向的提升幅度也相应减小。

当以一次性方式支付住房反向抵押贷款，且居民可在退休后各期选择住房反向抵押贷款时，与只允许退休当期选择住房反向抵押贷款的简单情形相对照。在各种参数设定的情形下，老年居民反向抵押贷款的参与度均有所上升。对于推迟参加住房反向抵押贷款的居民来说，在反向抵押贷款利率升高和房价预期涨幅增加这两种情形下，与简单情形相比，其平均消费倾向的增长幅度有所增加，而在其他参数变动的情况下，其平均消费倾向的增长幅度均有所减少。这是因为当反向抵押贷款利率升高时，推迟参加该贷款可以节省利率支出，从而增加消费；在房价预期涨幅增加的情况下，增加房产的持有，从而推迟参加住房反向抵押贷款，可以获得更高的贷款支付额，进而提高消费。而在其他情况下，推迟参加反向抵押贷款的居民会倾向于在退休当前增加房产的持有，从而挤压了消费支出。

6 结论与政策建议

6.1 主要结论

房产作为家庭总资产的一部分，其价值变动会造成家庭总财富价值的变动。按照新古典理论的观点，消费是收入和财富的函数，财富价值的变化会对消费产生影响。与金融资产不同，房产具有满足居民住房需求和投资品的双重属性，而且住房资产的流动性较一般金融资产弱，这就决定了其价值变动和金融资产价值变动对消费的影响可能不同。关于房产和金融资产价值变动对消费的影响作用，国内外已经有大量的实证研究，所得出的结论往往存在较大的差异，但现存文献还鲜见对产生这一差异的基于个体优化决策的统一理论解释。本研究通过构建一个世代交叠理论模型，探讨了房产偏好、房价涨幅、购房按揭贷款比例、住房反向抵押贷款的引入以及房屋贷款利率变化等因素对产生上述差异的影响，以期对大量实证文献中所得出的房产财富效应的差异提供初步的理论解释。在进行理论分析后，利用宏观季度数据对我国房产财富效应进行了检验，并利用微观数据对我国和欧元区国家的房产财富效应进行了比较分析。根据理论分析的结论，我们发现住房反向抵押贷款的引入可以增加房产的流动性，从而提高房产的财富效应，增加居民的消费水平。结合我国老龄化趋势加重、居民消费水平总体偏低的现状，利用生命周期模型，模拟了住房反向抵押贷款的引入对我国老年居民消费水平的影响程度。通过前文的研究，主要有以下结论：

（1）在影响房产财富效应的诸因素中，理论分析部分显示：如果居民对房产没有偏好，即房产消费不能为居民带来效用时，房产的边际消费倾向（MPC）总是低于金融资产的边际消费倾向，但是当居民存在住房偏好时，房产的边际消费倾向就有可能会高于金融资产的边际消费倾向。在其他条件给定的情况下，当房价的增长幅度，或购房抵押贷款的最高可贷款比例高于一定数值时，房产的财富效应就会大于金融资产的财富效应。当房价预期增长幅度较大时，住房反向抵押贷款的引入会提高房产的财富效应。当房价增长较为平缓时，房价增长的加速会使房产的财富效应有所增长，此时引入房屋反向抵押贷款就会有更多的资金从增长的房产财富中被取出来用于消费。当房价增长的幅度较大时，随着房价的继续加速增长，此时房产财富效应会有所下降，从而避免了消费的过快增长。当房价开始下降时，如果房价继续加速下跌会使房屋资产的财富效应下降，从而避免因房产财富的缩水而造成消费的过快减少，这就说明在面对房价波动时，消费有自我稳定的机制。当房价增长比较平缓时，房屋贷款利率的降低会促使房产财富效应的提高。另外，金融市场回报率的变化也对房产的财富效应产生影响。当引入住房反向抵押贷款时，金融市场上的正向冲击会增加房产的财富效应，且随着房价的加速上涨，金融市场上的冲击对房产财富效应影响也会增大。

（2）利用宏观季度数据对我国房产财富效应的检验结果表明，现阶段我国房产的长期边际消费倾向为0.264，而金融资产的长期边际消费倾向为0.372，房产的边际消费倾向低于金融资产的边际消费倾向。利用反映我国人口和经济特征的参数值，结合理论模型的推导结果，进行试算，我们发现实证结果和理论模型推导的结果存在一致性。在利用微观数据对我国房产财富效应与欧元区国家房产财富效应进行比较分析时，我们控制了较多的家庭人口和经济特征，以弥补宏观数据在研究房产财富效应方面可能存在的缺憾。结果依然显示，我国房产的边际消费倾向低于金融资产的边际消费倾向。相比欧元区国家，我国房产边际消费倾向低于欧元区国家的房产边际消费倾向。在分析不同地区或国家房产财富效应大小时，实证结果显示，经济较发达、金融体系较健全的北京、上海和广东地区房产的边际消费倾向高于我国其他地区；在欧元区国家中，法国的房产边际消费倾向高于西班牙和葡萄牙。在控制人口年龄的情况下，实证结果发现我国居民房产边际消费倾向随着年龄的增长而降低，欧元区国家居民房产边际消费倾向随着年龄的增长而上升。在我国老龄化趋势加速的背景下，我国老年居民随年龄逐渐下降的边际消费倾向，可能会对我国居民总体消费的增长产生不利影响。

（3）利用生命周期模型，数值模拟住房反向抵押贷款引入对我国老年居民消费的影响后发现：并不是所有的老年居民都可以从住房反向抵押贷款中获益，相当一部分老年居民不会参加住房反向抵押贷款；若以年金的方式支付住房反向抵押贷款，则参与该贷款的老年居民在退休生活的前期仍然保持较低的消费支出水平，以便积攒一定的资金用于可能的遗产馈赠；以年金支付住房反向抵押贷款的方式，实际上用房产价值购买了一笔终身年金，使得房产价值和年金购买额直接挂钩，这样可能超出了老年居民合意的年金购买数额。因此本研究主要围绕一次性支付住房反向抵押贷款的方式来展开模拟分析，结果显示，居民主动遗产动机的强弱会对住房反向抵押贷款的参与率产生影响，主动遗产动机越强，住房反向抵押贷款的参与率越低；住房反向抵押贷款利率的上升会降低住房反向抵押贷款的参与率，并会减小参与住房反向抵押贷款居民平均消费倾向增长幅度；当住房偏好下降时，老年居民住房反向抵押贷款的参与率变化不大，但参与该贷款的老年居民平均消费倾向增长幅度有明显的下降；在房价预期涨幅增加时，居民住房反向抵押贷款的参与度有所降低，但是选择参与该项贷款居民的平均消费倾向有较大幅度的提升；随着居民风险厌恶系数的提高，居民住房反向抵押贷款的参与度会明显提高，但参与该贷款的老年居民平均消费倾向增长幅度有所下降；在住房反向抵押贷款费率上升的情况下，老年居民住房反向抵押贷款参与率和平均消费倾向增长幅度都有所降低。当允许居民可以在退休后的任何一期选择参与住房反向抵押贷款时，与只允许居民在退休当前选择是否参与住房反向抵押贷款相比，老年居民住房反向抵押贷款的参与率有所上升。对于部分房屋资产在总资产中占比较低的居民来说，此时他们最优的选择是增加房产的持有量，然后再参与住房反向抵押贷款。

6.2 政策建议

投资、消费和出口被喻为拉动经济增长的“三驾马车”，近年来我国出口在拉动经济增长中的作用在减弱，未来一段时间出口也将面临较大的不确定性，而且我国现阶段投资率已经很高，高投资率会进一步增加产能过剩，所以继续依靠投资拉动经济增长的空间不大。大力促进居民消费，发挥其拉动经济增长的作用已显得愈发重要。党的十八大报告指出，要牢牢把握扩大内需这一战略基点，加快建立扩大消费需求长效机制，释放居民消费潜力。而影响居民消费的两个重要因素：一是居民的收入；另一个是居民所持有的财富数额。从我国居民现期所持有的财富形式来看，住房制度改革以来，随着居民房产的购置和房价的攀升，房产财富在居民财富总额中已经占有非常重要的地位，成为居民财富持有的重要形式。若可以将沉淀在房产上的资金转换为现期的收入，则可以有效释放居民的消费潜能，从而促进经济的增长。但是与一般的金融资产不同，房产具有消费品和投资品的双重属性，且房产还具有难以分割、流动性较差等特点。因此需要深入研究房产影响消费的财富效应受到哪些因素的影响，以及如何通过一定的机制设计，增加房产的流动性，发挥其促进居民消费增长的作用。在前文研究的基础上，现提出以下政策建议：

首先，房产财富效应受到居民房产偏好程度、房价涨幅、购房贷款比例上限、住房反向抵押贷款、房屋贷款利率以及遗产动机强弱等多重因素的影响。居民房产偏好程度和遗产动机强弱难以在短时间内改变，但购房贷款比例上限和住房反向抵押贷款业务的开办却在一定范围内具有可控性。从理论分析部分，我们知道购房贷款比例上限的调整会引起房产财富效应的变化，从而影响消费。因此，在对购房贷款比例上限进行调整时，不能仅仅从调节房地产市场的角度出发，还应适当考虑政策调整可能引起的房产财富效应变化。另外，当房价增速不大，但有加速增长趋势时，采取引入住房反向抵押贷款的办法，可以增加房产的财富效应，进一步刺激消费的增长；当房价进入下行通道，并有加速下跌趋势时，为避免因居民财富减少而造成消费的萎缩，同样可以采取引入住房反向抵押贷款或增加住房反向抵押贷款可贷款比率的办法来减小房价下跌对居民消费的负面影响。

其次，从表征房产财富效应大小的房产边际消费倾向（MPC）来看，我国目前总体的房产财富效应低于欧元区国家，且随着居民年龄的增长，房产财富效应有走低的趋势。针对上述情况，有必要提高我国居民特别是老年居民的房产财富效应。房产财富效应的大小受到房地产市场发展程度、金融市场自由化程度以及人们对待房产的观念等诸多因素影响。房产观念的改变需要一个较长的过程，造成我国老年居民房产财富效应低的一种最普遍解释就是较强的遗产馈赠动机。我国老人往往会将房产遗留给后代，但是这种情况和不发达的金融市场结合在一起的时候，我们就不太能分清遗产的馈赠是出于主动还是被动。在生前出售自己的房产，老人所面临的房产交易和搬迁居所的成本会很高，离开自己的原居地可能还会面临很大的心理成本。如果可以在生前保留居住权的情况下，依靠房产可以获得流动性支持，那么就可以避免出售房产的相关成本和解决被动馈赠问题。在这方面，可以借鉴法国、美国等发达国家住房反向抵押贷款的成功经验，使得我国“房产富人、现金穷人”的退休老人在不必搬离住房的情况下，提前消费部分房产价值。这样既可以部分解决养老的难题，也可以从总体上提升我国的房产财富效应，为经济增长注入新动力。

最后，在我国开展住房反向抵押贷款的过程中，需要借鉴国外有益经验，丰富贷款的支付方式。可以考虑实行年金支付、一次性支付、固定期限支付、信用额度支付以及这些支付方式的组合。避免因采取单一年金支付方式，造成房屋价值与年金购买数额直接挂钩，从而造成参与住房反向抵押贷款的居民在退休生活的前期仍然维持相对较低的消费水平，以便积攒一定的资金用于可能的遗产馈赠，在积累一定资金后再增加消费。住房反向抵押贷款的潜在需求者往往欠缺相关金融知识，将贷款一次性支付给老人，可能会因老人金融知识的欠缺而不知合理使用该笔资金，因此有必要给老人提供一定的咨询服务，帮助他们安排一定的资金购买一笔终身年金，这样既符合住房反向抵押贷款保证老年人养老需求的初衷，也可以避免老年人因担心参与住房反向抵押贷款在身后无法将房产留给后人，而在参与该贷款的前期仍维持较低消费的问题。从生命周期模型数值模拟的结果还可以看出，住房反向抵押贷款费率和利息率的降低可以增加居民的参与度，提升参与住房反向抵押贷款居民的消费支出。因此，政府在住房反向抵押贷款的发展过程中可以考虑给予一定的政策扶持，适当减免金融机构开办此类业务的税负，并协助建立合理的风险分担和管理机制，降低贷款机构所面临的风险。贷款机构税负和风险的降低，可以促使其降低该项贷款业务的发起费和贷款利率，吸引更多的老年人参与该项业务，形成规模优势，从而促进该项业务的长期健康发展。

参考文献

[1]Ando, A. and Modigliani,F. The "life cycle" hypothesis of savings: aggregate implications and tests[J]. American Economic Review, 1963, Vol. 53(1), pp. 55 - 84.

[2]Attanasio, Orazio P. and Guglielmo Weber. The Aggregate Consumption Boom of the Late 1980s: Aggregate Implications of Microeconomic Evidence[J]. Economic Journal, 1994, Vol. 104, pp. 1269 - 1302.

[3]Bayoumi,T., Edison,H. Is wealth increasing driving consumption. IMF Research Departmentmimeo,2002,October.

[4]Belsky, E. and J., Prakken. Housing wealth effects: Housing's impact on wealth accumulation, wealth distribution, and consumer spending. Working Paper No. W04 - 13. Cambridge, MA: Harvard University, Joint Center for Housing Studies,2004.

[5]Benjamin, J. D., Chinloy, P. andJud, D. Realestate versus financial wealth in consumption[J]. The Journal of Real Finance and Economic,2004, Vol. 29,pp. 341 - 354.

[6] Bertaut, C. Equity Prices, Household Wealth, and Consumption Growth in Foreign Industrial Countries: Wealth Effects in the 1990s. International Finance Discussion Papers No. 724.

[7]Bhatt, A., Kishor, N. K. Has Wealth Effect Changed Over Time? Evidence from Four Industrial Countries. In: J. MA and M. wohar(eds.), Re-

cent advances in Estimating Nonliner Models, Springer New York, 2014.

[8]Boone L. and Girouard N. The stock market, the housing market and consumer behavior[J]. OECD Economic Studies, 2002; Vol. 2002(2): 175 - 200.

[9]Bostic, R., Gabriel, S., and Painter, G. Housing wealth, Financial Wealth, and Consumption: New Evidence from Micro Data[J]. Regional Science and Urban Economics, 2009, Vol. 39, pp. 79 - 89.

[10] Bover, O. Wealth Effects on Consumption: Microecometric Estimates from The Spanish Survey of Household Finances. Working Paper, 2005, No. 0522.

[11]Calomiris, C. W., Longhofer, S. D., and Miles, W. The Housing Wealth Effect: The Crucial Roles of Demographics, Wealth Distribution and Wealth Shares[J]. Critical Finance Review, 2012(2): 49 - 99.

[12]Campbell J., and Cocco J. How do house prices affect consumption? Evidence from micro data[J]. Journal of Monetary Economics, 2007, Vol 54(3):591 - 621.

[13]Canner, Glenn, Dynan, Karen, Passmore, Wayne. Mortgage Refinancing in 2001and early 2002 [J]. Federal Reserve Bulletin, 2002: 469 - 481.

[14] Carroll C. Housing wealth and consumption expenditure. Unpublished manuscript, Johns Hopkins University, 2004

[15]Carroll C. D., Otsuka M., Slacalek J. How Large Is the Housing Wealth Effect? A New Approach. NBER Working Paper 12746, 2006, Cambridge, MA 02138, 1 - 18.

[16] Case, Karl E. The Real Estate Cycle and the Economy: Consequences of the Massachusetts Boom of 1984 - 1987[J]. Urban Studies, 1992, Vol. 29, pp. 171 - 183.

[17] Case, Karl E., J. Quigley, & Shiller, R. Comparing wealth effects: the stock market versus the housing market. Cowles Foundation Discussion Paper, 2005, No. 1335.

[18] Charles, G., Boris, H. House prices, Money, credit, and the macroeconomy[J]. Oxford Review of Economic Policy, 2008, Vol. 24, pp180 - 205.

[19] Chen J. Reevaluating the Association between Housing Wealth and Aggregate Consumption: New Evidence from Sweden[J]. Journal of Housing Economics, 2006, Vol. 15, pp. 321 - 348.

[20] Chen J., Guo F., Zhu A. Housing Wealth, Financial Wealth and Consumption in China[J]. China &World Economy, 2009, Vol. 17(3): 57 - 74.

[21] Clayton, J. Rational Expectations, Market Fundamentals and House Price Volatility[J]. Real Estate Economics, 1996, Vol. 24: 441 - 470.

[22] Cocco J. F. Portfolio Choice in the Presence of Housing[J]. Review of Financial Studies, 2004, Vol. 18(2): 535 - 567.

[23] David W. Ramussen. Isaac F. Megbolugbe and Barbara A Morgan. The reverse mortgage as an asset management tool[J]. Housing Policy debate, 1995(8), pp. 173 - 194.

[24] Davis M., and Palumbo M. A primer on the economics and time series econometrics of wealth effects. FEDS Working Paper, 2001, No. 2001 - 09.

[25] Duesenberry, J. S. Income, Savings and The Theory of Consumer Behavior[M]. Cambridge: Havard University Press, 1949.

[26] Davidson, J. E. H., Hendry, D. F., Srba, F., and Yeo, S. Econometric Modeling of the Aggregate Time - Series Relationship Between Consumers' Expenditure and Income in the United Kingdom[J]. The Economic Journal, 1978, Vol. 88, pp. 661 - 691.

[27] Dvornak, N. and M. Kohler. Housing wealth, stock market wealth and consumption: A panel analysis for Australia[J]. Research Discussion Pa-

per No. 2003 – 07, Reserve Bank of Australia.

[28] Elliot, J. W. Wealth and wealth proxies in a permanent income model[J]. Quarterly Journal of Economics, 1980, Vol. 95, pp. 509 – 535.

[29] Engelhardt, Gary V. House Prices and Home Owner Saving Behavior[J]. Regional Science and Urban Economics, 1996(26), pp. 313 – 336.

[30] Flavin M. A. The Adjustment of Consumption to Changing Expectations about future Income[J]. Journal of Political Economy, 1981, Vol. 89 (5), pp. 974 – 1009.

[31] Friedman, M. A Theory of the Consumption Function[M]. Princeton University Press, 1957.

[32] Gallin, J. The long – run Relationship between House Prices and Income: Evidence from Local Housing Markets[J]. Real Estate Economics, 2006, Vol. 34, pp417 – 438.

[33] Grant, C. andPeltonen, T. Housing and Equity Wealth Effects of Italian Households. Netherlands Central Bank, DNB Working Paper, 2005, No. 43.

[34] Hall R. E. Stochastic Implication of the Life Cycle – Permanent Income Hypothesis: Theory and Evidence[J]. Journal of Political Economy, 1978, Vol. 86, pp. 971 – 987.

[35] Hurd M. and Rohwedder S. Changes in consumption and activities at retirement. Michigan Retirement Research Center Research Paper, 2005, No. WP 2005 – 096.

[36] Hurst E., and Stafford F. Home is where the equity is: mortgage refinancing and household consumption[J], Journal of Money, Credit and Banking, 2004, Vol. 36(6), pp. 985 – 1014.

[37] Iacoviello, M. House prices, borrowing constraints and monetary policy in the business cycle[J]. American Economic Review, 2005, Vol. 95,

pp. 739 – 764.

[38] James, M. P. Stock Market Wealth and Consumption[J]. Journal of Economic Perspectives, 2000, Vol. 14(2), pp. 100 – 118.

[39] Kessler D. and Masson A. Bequest and wealth accumulation: Are some pieces of the puzzle missing? [J]. Journal of Economic Perspectives, 1989, Vol. 3(3), pp. 144 – 152.

[40] Kim, K. H. Housing and Korean Economy[J]. Journal of Housing Economics, 2003, Vol. 13, pp. 321 – 341.

[41] Kotlikoff L. and Summers L. The role of intergenerational transfers in aggregate capital accumulation[J]. Journal of Political Economy, 1981, Vol 89, pp. 706 – 732.

[42] Leland H. E. Savings and Uncertainty: The Precautionary Demand for Saving. Quarterly Journal of Economics[J]. 1968, Vol. 82(3), pp. 465 – 473.

[43] Levin, L. Are Assets Fungible? Testing the Behavioral Theory of Life – Cycle Savings[J]. Journal of Economic Organization and Behavior, 1998 (36), pp59 – 83.

[44] Li, W. andYao, R. The life – cycle effects of house prices changes [J]. Journal of Money, Credit, and Banking, 2007, Vol. 39, pp. 1375 – 1409.

[45] Ludwing, A, and Slok T. The Impact of Changes in Stock Prices and House Prices on Consumption in OECD countries. IMF Working paper, 2002 (1).

[46] Ludwig A. and Slok T. The relationship between stock prices, house prices, and consumption in OECD countries[J], Topics in Macroeconomics, 2004, Vol. 4(1).

[47] Lustig, H., Van Nieuwerburgh, S. G. Housing collateral, consumption insurance and riskpremia: An empirical perspective[J]. Journal of Fi-

nance,2005,Vol.60,pp.1167 – 1219.

[48]Ludwig A. and Slok T. The relationship between stock prices, house prices, and consumption in OECD countries[J], Topics in Macroeconomics, 2004, Vol.4(1).

[49]Lustig, Hanno and Van Nieuwerburgh, Stijn. Housing collateral, consumption insurance and risk premia: an empirical perspective[J]. Journal of Finance,2005, Vol.60 (3), pp.1167 – 1219.

[50]Maki D. and Palumbo Y. Disentangling the wealth effect: A cohort analysis of household saving in the 1990s. FEDS Working Paper,2001, No. 2001 – 21.

[51]Ma S. R., Cho D. H. The building of new reverse mortgage payment plans in the Korean housing market[J]. House Studies Review, 2007, 42 (2):273 – 290.

[52]Maurice Weinrobe. An Insurance Plan to Guarantee Reverse Mortgage[J]. Journal of Risk and Insurance, 1987(2),pp.664 – 659.

[53] Mayer, C. J., Simons K. V. Reverse Mortgage and Liquidity of Housing Wealth[J]. Journal of the American Real Estate and Urban Economics Association,1994(22),pp235 – 255.

[54]Michael D. Hurd. Research on the eldly: Economic status,Retirement, and Consumption and Saving[J]. Journal of Economic Literature,1990, Vol.28,pp565 – 637.

[55]Michelangeli V. Dose it pay to get a reverse mortgage. Boston University. Manuscript, 2008.

[56]Mitchell, J. Piggott. Unlocking housing equity in Japan[J]. Journal of Japanese and International Economics,2004,Vol.18,pp.466 – 505.

[57]Milton,F. A Theory of the Consumption Function[M]. Natioal Bureau of Economic Research,Inc. 1957.

[58] Modigliani F. Life Cycle, Individual Thrift, and the Wealth of Nations[J]. American Economic Review, 1986, Vol. 76(3), pp. 297 - 313.

[59] Modigliani, F. The role of intergenerational transfers and life cycle saving in the accumulation of wealth[J]. Journal of Economic Perspectives, 1988, Vol. 2, pp. 15 - 40.

[60] Muellbauer, J., Murphy, A. Booms and Busts in the UK Housing-Market[J]. Economic Journal, 1997, Vol. 107, pp. 1701 - 1727.

[61] Muellbauer, J. Housing, Credit and Consumer Expenditure. CEPR Discussion Paper, 2008, No. 6782.

[62] Nandinee K. Kutty. The Scope for Poverty Alleviation among Elderly Home - owners in the United States through Reverse Mortgages [J]. Urban Studies, 1998, Vol. 35, pp. 113 - 129.

[63] Ortalo - Magné, François and Rady, Sven. Housing Market Dynamics: On the Contribution of Income Shocks and Credit Constraints. CESifo Working Paper, 2006, No. 470.

[64] Peter Chinloy, Isaac F. Megbolugbe. Reverse Mortgage: Contractions and Crossover Risk[J]. Journal of the American Real Estate and Urban Economics Association, 1994(2), pp. 367 - 386.

[65] Poterba, J. M. Stock Market Wealth and Consumption[J]. Journal of Economic Perspectives, American Economic Association, 2000 (14): 99 - 118.

[66] Piazzessi, M., Schneider, M., Tuzel, T. Housing, Consumption and Asset Pricing[J]. Journal of Financail Economics, 2007(83), 531 - 569.

[67] Raymond, Y. C., Man, K. F., and Choy, L. The Impact of Housin and Financial Wealth on Household Consumption: Evidence from Hong Kong [J]. Journal of Real Estate Literature, 2007, Vol. (47), pp. 429 - 440.

[68] Sally R. Merrill, Meryl Finkel, Nandinee K. Kutty. Potential bene-

ficiaries from reverse mortgage products for elderly homeowners[J]. Real Estate Economics (Summer), 1994(1):22 -25.

[69]Sally R. Merrill, Meryl Finkel, Nandinee K. Kutty. Potential beneficiaries from reverse mortgage products for elderly homeowners: An analysis of American housing survey data[J]. Journal of American Real Estate and Urban Economics Association, 2003(2), pp. 257 -299.

[70]Sheiner L. Housing Prices and the Savings of Renters [J]. Journal of Urban Economics, 1995, Vol. 38, pp. 94 -125.

[71]Sierminska E. and Takhtamanova Y. Wealth effects out of financial and housing wealth: cross country and age group comparisons. Federal Reserve Bank of San Francisco, Working Paper Series 2007 -01.

[72]Sinai, T., Souleles, N., S. Owner - Occupied Housing as a Hedge Against Rent Risk[J]. The Quarterly Journal of Economics, 2005, Vol. 120 (2), pp. 736 -789.

[73]Skinner, J. S. Is housing wealth a sideshow? [J]. Advances in the Economics of Aging, National Bureau of Economic Research Report. University of Chicago Press, Chicago, Il, pp. 241 -268.

[74]Skudelny, F. Euro Area Private Consumption: Is there a Role for Housing Wealth Effects? ECB Working Paper Series, 2009, No. 1057.

[75] Sousa R. M. Financial Wealth, Housing Wealth and consumption [J]. International Research Journal of Finance and Economics, 2008, Vol. 19, pp. 167 -191.

[76]Sousa R. M. Consumption, (Dis)Aggregate Wealth, and Asset Returns[J]. Journal of Empirical Finance, 2010, Vol. 17(4), pp. 606 -622.

[77]Thomas P. Boehm and Michael C. Ehrhardt. Reverse mortgage and interest rate risk[J]. Journal of American Real Estate and Urban Economics Association, 1994(2), pp. 387 -408.

[78] Thomson, M. , Kam, K. T. An Emprical Assessment of House Price Adjustments on Aggregate Consumption. Paper Prepared for The Australasian Marcoeconomics Workshop Australian National University, Canberra 15 – 16, April 2004.

[79] Venti S. F. , Wise D. A. Aging and the income value of housing wealth [J]. Working paper No. 3547. National Bureau of Economic Research, 1990.

[80] Wheaton W. C. , Nechayev G. The 1988 – 2005 housing bubble and the current correction: what's different this time? [J]. The Journal of Real Estate Research, 2008, Vol. 30, pp. 1 – 26.

[81] Y. K. Tse. Modeling Reverse Mortgage[J]. Asia Pacific Journal of-Management, 1995, Vol. 12(2), pp. 79 – 95.

[82] Yao R. , Zhang H. H. Optimal Consumption and Portfolio Choices with Risky Housing and Borrowing Constraints[J]. Review of Financial Studies, 2005, Vol. 18(1), pp. 197 – 239.

[83] Yoshikawa H. and Ohtake F. An analysis of female labor supply, housing demand and the saving rate in Japan[J]. European Economic Review, 1989, Vol. 33(5), pp. 997 – 1030.

[84]陈斌开,杨汝岱. 土地供给、住房价格与中国城镇居民储蓄[J]. 经济研究,2013(1):110 – 122.

[85]崔光灿. 房地产价格与宏观经济互动关系实证研究——基于我国31个省份面板数据分析[J]. 经济理论与经济管理, 2009(1):57 – 62.

[86]陈健,陈杰,高波. 信贷约束、房价与居民储蓄率[J]. 金融研究, 2012(4):45 – 57.

[87]陈健,高波. 收入差距、房价与消费变动[J]. 上海经济研究, 2012(2):53 – 62.

[88]陈健,黄少安. 遗产动机与财富效应的权衡[J]. 经济研究,2013

(9):56 - 70.

[89]陈学彬,傅东升,葛成杰.我国居民生命周期消费投资行为动态优化模拟研究[J].金融研究,2006(2):21 - 35.

[90]陈彦斌,邱哲圣.高房价如何影响居民储蓄率和财产不平等[J].经济研究,2011(10):25 - 38.

[91]柴效武.反向抵押贷款在我国开办的迫切性与可行性评价[J].城市,2008(1):61 - 64.

[92]柴效武,孟晓苏.反向抵押贷款制度[M].杭州:浙江大学出版社,2008.

[93]柴效武,杨梦.反向抵押贷款产品定价的机理和方法体系研究[M].北京:科学出版社,2012.

[94]柴效武,张海敏,朱杰.房产养老寿险业务中老年人健康状况评价的不完全信息博弈[J].浙江大学学报,2007,37(6).

[95]陈彦斌,邱哲圣.高房价如何影响居民储蓄率和财产不平等[J].经济研究,2011(10):25 - 38.

[96]邓健,张玉新.房价波动对居民消费的影响机制[J].管理世界,2010(4):171 - 172.

[97]丁攀,胡宗义.股价与房价波动对居民消费影响的动态研究[J].统计与决策,2008(15):106 - 108.

[98]杜莉,潘春阳,张苏予,蔡江南.房价上升促进还是抑制了居民消费——基于我国172个地级城市面板数据的实证研究[J].浙江社会科学,2010(8):24 - 30.

[99]杜莉,沈建光,潘春阳.房价上升对城镇居民平均消费倾向的影响——基于上海市入户调查数据的研究[J].金融研究,2013(3):44 - 57.

[100]高春亮,周晓艳.34个城市的住宅财富效应:基于panel data的实证研究[J].南开经济研究,2007(1):36 - 44.

[101]樊纲. 如何解决高储蓄与低消费？[J]. 广东经济，2014(4)：96.

[102]樊纲，王小鲁. 中国收入差距的走势和影响分析[J]. 经济研究，2005(10)：24 - 36.

[103]范子文. 以房养老——住房反向抵押贷款的国际经验与我国的现实选择[M]. 北京：中国金融出版社，2006.

[104]郭庆旺，贾均雪，赵志耘. 中国传统文化信念、人力资本积累与家庭养老保障机制[J]. 经济研究，2007(8)：58 - 72.

[105]何德旭，高伟凯. 股票市场对居民储蓄的影响：一个实证分析[J]. 数量经济技术经济研究，2002(11)：9 - 12.

[106]韩洁. 我国城镇家庭生命周期资产组合选择行为的动态模拟[D]. 上海：复旦大学，2008.

[107]黄静，屠梅曾. 房地产财富与消费：来自于家庭微观调查数据的证据[J]. 管理世界，2009(7)：35 - 45.

[108]黄凌灵，刘志新. 中国居民跨期住房租赁—购置行为动态优化建模与分析[J]. 系统工程，2007(10)：58 - 63.

[109]黄明安. 发展住房反抵押市场对我国居民和社会福利的影响[D]. 北京：清华大学，2013.

[110]黄平. 我国房地产财富效应货币政策关系的实证检验[J]. 上海金融，2006(6)：32 - 51.

[111]韩再. 住房反向抵押贷款运作机制[M]. 北京：中国金融出版社，2014.

[112]赖溟溟，白钦先. 我国居民消费财富效应的实证分析[J]. 上海金融，2008(8)：15 - 18.

[113]靳涛，丁飞. 消费与房价关系研究新进展[J]. 经济学动态，2010(3)：108 - 114.

[114]金奕. 以房养老保险模式——中国实施反向抵押贷款的经济

学分析与述评[J]. 世界经济情况,2008(2):49 - 52.

[115]况伟大. 房价变动与中国城市居民消费[J]. 世界经济, 2011(10):21 - 34.

[116]李成武. 中国房地产财富效应地区差异分析[J]. 财经问题研究,2010(2):124 - 129.

[117]刘旦,姚玲珍. 中国城镇住宅财富效应的微观检验[J]. 北京科技大学学报(社会科学版),2008(3):33 - 39.

[118]李国学. 美国房地产价格变动趋势及其经济效应分析[J]. 财政金融,2006(11): 39 - 42.

[119]刘建江. 浅议房地产财富效应[J]. 房地产金融,2005(5):68 - 70.

[120]罗楚亮. 经济转轨、不确定性与城镇居民消费行为[J]. 经济研究,2004(4):100 - 106.

[121]李时华. 住房反向抵押贷款:扩大老年消费需求的新途径[J]. 消费经济,2007(1):35 - 37.

[122]李涛,陈斌开. 家庭固定资产、财富效应与居民消费:来自中国城镇家庭的经验证据[J]. 经济研究,2014(3):62 - 75.

[123]李文星,徐长生,艾春荣. 中国人口年龄结构和居民消费:1989—2004[J]. 经济研究,2008(7):118 - 129.

[124]梁云芳,高铁梅. 中国房地产价格波动区域差异的实证分析[J]. 经济研究, 2007(8):133 - 142.

[125]龙志和,周浩明. 中国城镇居民预防性储蓄实证研究[J]. 经济研究,2010(11):33 - 38.

[126]骆祚炎. 基于流动性的城镇居民住房资产财富效应分析——兼论房地产市场的平稳发展[J]. 当代经济科学, 2007a(4):51 - 56.

[127]骆祚炎. 城镇居民金融资产与不动产财富效应的比较分析[J]. 数量经济技术经济研究, 2007b(11):56 - 65.

[128]骆祚炎. 中国居民金融资产与住房资产财富效应的比较检验[J]. 中国软科学, 2008(4):40－47.

[129]孟晓苏. 反向抵押贷款:完善养老保障制度的良方[J]. 银行保险,2006(11):16－17.

[130]欧阳渊. 以房养老在我国“试水”艰难的原因分析[J]. 经济研究,2008(2):6－8.

[131]宋勃. 房地产市场财富效应的理论分析和中国经验的实证检验:1998—2006[J]. 经济科学,2007(5):41－53.

[132]孙凤. 消费者行为数量研究——以中国城镇居民为例[M]. 上海:上海三联书店,上海出版社,2002.

[133]孙凤,王玉华. 中国居民消费行为研究[J]. 统计研究,2001(4):24－29.

[134]唐建伟. 股票和房地产价格变化对消费的影响[J]. 上海金融学院学报,2004(1):48－51.

[135]田青,马健,高铁梅. 我国城镇居民消费影响因素的区域差异分析[J]. 管理世界,2008(7):27－33.

[136]谭小芬. 欧洲房地产周期与金融稳定[J]. 国际经济评论,2007(3):63－64.

[137]谭政勋. 我国住宅业泡沫及其影响消费的理论与实证研究[J]. 经济学家,2010(3): 58－66.

[138]王柏杰,何炼成,郭立宏. 房地产价格、财富与居民消费效应——来自中国省际面板数据的证据[J]. 经济学家,2011(5):57－65.

[139]王第海,龚六堂. 增长经济中的消费与储蓄——兼论中国高储蓄率的原因[J]. 金融研究,2007(12):1－16.

[140]魏锋. 中国股票市场和房地产市场的财富效应[J]. 重庆大学学报(自然科学版),2007(2):154－157.

[141]王辉龙. 房价波动、家庭财富配置与居民生活水平——来自长

江、珠江三角洲地区的经验证据[J]. 南方经济, 2009(12):3 - 14.

[142]王晋斌,刘元春. 中国资产结构的变化及其对宏观经济政策的影响[J]. 中国人民大学学报,2008(2):50 - 57.

[143]王琨. 开展抵押贷款的市场均衡分析[J]. 经济论坛,2005(12):76 - 77.

[144]邬丽萍. 房地产价格上涨的财富效应分析[J]. 求索,2006(1):27 - 29.

[145]王培辉,袁薇. 中国房地产市场财富效应研究——基于省际面板数据的实证分析[J]. 当代财经,2010(6):92 - 98.

[146]王子龙,许萧迪. 房地产市场广义虚拟财富效应测度研究[J]. 中国工业经济,2011(3):15 - 25.

[147]解垩. 房产和金融资产对家庭消费的影响:中国的微观证据[J]. 财贸研究, 2012(4):73 - 82.

[148]谢洁玉,吴斌珍,李宏彬,郑思齐. 中国城市房价与居民消费[J]. 金融研究,2012(6):13 - 27.

[149]肖隽子,王晓鸣. 老年住宅需求与反向抵押贷款[J]. 建设科技,2005(21):202 - 203.

[150]严金海,丰雷. 中国住房价格变化对居民消费的影响研究[J]. 厦门大学学报, 2012(2):71 - 78.

[151]颜色,朱国忠. "房奴效应"还是"财富效应"? ——房价上涨对国民消费影响的一个理论分析[J]. 管理世界,2013(3):34 - 47.

[152]杨凌,陈学彬. 我国居民家庭生命周期消费储蓄行为动态模拟研究[J]. 复旦大学学报:社会科学版,2007(6):14 - 24.

[153]杨耀武,阎晶晶,杨澄宇. 房屋资产与居民消费——来自中国与欧元区国家的经验证据[J]. 经济研究,2013(S1):65 - 76.

[154]尹志超,甘犁. 中国住房改革对家庭耐用品消费的影响[J]. 经济学(季刊),2009(9):53 - 72.

[155]朱文晖. 股票市场财富效应、生成机理、传导机制及国际比较[D]. 上海:复旦大学,2004.

[156]朱新玲,黎鹏. 我国房地产市场财富效应的实证分析[J]. 武汉科技大学学报(社会科学版),2006(2):16 – 18.

[157]周晓蓉,代艳花,曾尹嬿,陈建东. 资产财富效应实证研究新进展[J]. 经济学动态,2014(10):130 – 140.

[158]张漾滨. 中国股价与房价波动对居民消费的影响研究[J]. 管理世界,2012(1):178 – 179.

附　录

附录 1

由总收入和金融财富的定义，可得：

$$N_t w_t = Y_t - r_t W_t^F \tag{1}$$

$$W_t^F = (\frac{N_t}{1+n}) s_{t-1}^{t-1} \tag{2}$$

由房产财富的定义和（3－30）式，可得：

$$W_t^H = (\frac{N_t}{1+n})(1+r_t)\{p_{t-1}h_{t-1}^{t-1}(\pi_t - \frac{v_{t-1}^{t-1}}{1+r_t}) + (\frac{p_{t-1}h_{t-1}^{t-2}}{1+n})$$

$$[\pi_t - u_{t-1}^{t-2}(\frac{1+r^h}{1+r_t})]\} = \frac{N_t(1+r_t)}{(1+n)A}\{\gamma(\pi_t - \frac{v_{t-1}^{t-1}}{1+r_t})s_{t-1}^{t-1} +$$

$$\frac{\beta p_{t-1}h_{t-1}^{t-2}}{1+n}[\pi_t - u_{t-1}^{t-2}(\frac{1+r^h}{1+r_t})][(1+\gamma)(1-\pi_t) +$$

$$\frac{v_{t-1}^{t-1}}{1+r_t}(\frac{\beta+\gamma+\beta\gamma}{\beta}r^h - r_t - \gamma r_t)]\} \tag{3}$$

从上式可以求出：

$$\frac{N_t p_{t-1}h_{t-1}^{t-2}}{(1+n)^2} = \frac{AW_t^H - \gamma(1+r_t)(\pi_t - \frac{v_{t-1}^{t-1}}{1+r_t})W_t^F}{\beta(1+r_t)[\pi_t - u_{t-1}^{t-2}(\frac{1+r^h}{1+r_t})][(1+\gamma)(1-\pi_t) + \frac{v_{t-1}^{t-1}}{1+r_t}(\frac{\beta+\gamma+\beta\gamma}{\beta}r^h - r_t - \gamma r_t)]}$$

(4)

其中 $A=\beta(1+\gamma)(1-\pi_t)-\gamma\pi_t+v_{t-1}^{t-1}[\gamma(\frac{1+r^h}{1+r_t})-\beta(1+\gamma)(\frac{r_t-r^h}{1+r_t})]$

由总消费的定义以及（3－28）式和（3－31）式，可得：

$$C_t=\frac{N_tw_t}{(1+\beta)(1+\gamma)}+\frac{1}{(1+\beta)(1+\gamma)}(\frac{N_t}{1+n})\frac{\beta(1+r_t)}{A}[1-\pi_t-v_{t-1}^{t-1}(\frac{r_t-r^h}{1+r_t})]\{(1+\beta)(1+\gamma)+(\frac{\gamma}{1-u_t^{t-1}})[\pi_{t+1}^e-u_t^{t-1}(\frac{1+r^h}{1+r_{t+1}})]\}\{s_{t-1}^{t-1}+\frac{p_{t-1}h_{t-1}^{t-2}}{1+n}[\pi_t-u_{t-1}^{t-2}(\frac{1+r^h}{1+r_t})]\} \tag{5}$$

将（1）～（3）式代入（5）式，可得：

$$C_t=e_YY_t+e_FW_t^F+e_HW_t^H \tag{6}$$

其中

$$e_Y=\frac{1}{(1+\beta)(1+\gamma)} \tag{7}$$

$$e_F=\frac{1}{(1+\beta)(1+\gamma)}[(1+r_t)B-r_t] \tag{8}$$

$$e_H=\frac{1}{(1+\beta)(1+\gamma)}B \tag{9}$$

$$B=\frac{[1-\pi_t-v_{t-1}^{t-1}(\frac{r_t-r^h}{1+r_t})]\{(1+\beta)(1+\gamma)+(\frac{\gamma}{1-u_t^{t-1}})[\pi_{t+1}^e-u_t^{t-1}(\frac{1+r^h}{1+r_{t+1}})]\}}{[(1+\gamma)(1-\pi_t)+\frac{v_{t-1}^{t-1}}{1+r_t}(\frac{\beta+\gamma+\beta\gamma}{\beta}r^h-r_t-\gamma r_t)]} \tag{10}$$

附录 2

通过贷款 $v_{t-1}^{t-1}p_{t-1}h_{t-1}^{t-1}$ 在 $t-1$ 期购买的房产，到 t 期的价值为 $(1-\delta^h)p_t h_{t-1}^{t-1}$，扣除贷款的本息 $v_{t-1}^{t-1}p_{t-1}h_{t-1}^{t-1}(1+r^h)$，可以得到购房总收益率为：

$$R_t = \frac{(1-\delta^h)p_t}{(1-v_{t-1}^{t-1})p_{t-1}} - \frac{v_{t-1}^{t-1}(1+r^h)}{1-v_{t-1}^{t-1}} \tag{11}$$

因为消费者还可以从房产的持有中获得效用，所以在均衡时，金融资产的总收益率应该高于购房的资本收益，即：

$$1+r_t > \frac{(1-\delta^h)p_t}{(1-v_{t-1}^{t-1})p_{t-1}} - \frac{v_{t-1}^{t-1}(1+r^h)}{1-v_{t-1}^{t-1}} = \pi_t \frac{1+r_t}{1-v_{t-1}^{t-1}} - \frac{v_{t-1}^{t-1}(1+r^h)}{1-v_{t-1}^{t-1}} \tag{12}$$

或：

$$0 < \pi_t < 1 - v_{t-1}^{t-1}\left(\frac{r_t - r^h}{1+r_t}\right) \tag{13}$$

住房反向抵押贷款的上限（3－3）式对于 $t-1$ 期出生的个体同样适用，所以有：

$$u_t^{t-1} \leqslant \frac{(1-\delta^h)p_{t+1}^e}{(1+r^h)p_t} = \frac{1+r_{t+1}}{1+r^h}\pi_{t+1}^e \tag{14}$$

附录 3

从（3－44）式，可知当且仅当 $B<1$ 时房产的财富效应大于金融资产的财富效应。即：

$$B = \frac{\left[1-\pi_t - v_{t-1}^{t-1}\left(\frac{r_t - r^h}{1+r_t}\right)\right]\left\{(1+\beta)(1+\gamma) + \left(\frac{\gamma}{1-u_t^{t-1}}\right)\left[\pi_{t+1}^e - u_t^{t-1}\left(\frac{1+r^h}{1+r_{t+1}}\right)\right]\right\}}{\left[(1+\gamma)(1-\pi_t) + \frac{v_{t-1}^{t-1}}{1+r_t}\left(\frac{\beta+\gamma+\beta\gamma}{\beta}r^h - r_t - \gamma r_t\right)\right]} < 1$$

(15)

$$\pi_t = \frac{(1-\delta^h)p_t}{(1+r_t)p_{t-1}} \tag{16}$$

从(15)~(16)式可以推出：

$$\frac{p_t - p_{t-1}}{p_{t-1}} > \overline{g}_t^p =$$

$$\frac{\delta^h + (1-v_{t-1}^{t-1})r_t + v_{t-1}^{t-1}r^h}{1-\delta^h} - \frac{(1-u_t^{t-1})v_{t-1}^{t-1}r^h}{\beta(1-\delta^h)\left[(\beta+\beta\gamma)\dfrac{1-u_t^{t-1}}{\gamma} + \pi_{t+1}^e - u_t^{t-1}\left(\dfrac{1+r^h}{1+r_{t+1}}\right)\right]} \tag{17}$$

或：

$$\overline{v} > \overline{v}^0 = \frac{\beta(1+r_t)(1-\pi_t)}{\beta(r_t - r^h) + \dfrac{\gamma r^h(1-u_t^{t-1})}{\beta(1+\gamma)(1-u_t^{t-1}) + \gamma\left[\pi_{t+1}^e - u_t^{t-1}\left(\dfrac{1+r^h}{1+r_{t+1}}\right)\right]}} \tag{18}$$

易证：$\dfrac{\partial \overline{g_t}^p}{\partial \overline{v}} < 0$，$\dfrac{\partial \overline{v}^0}{\partial (p_t/p_{t-1})} < 0$。

当 $u_t^{t-1} = 0$ 时，即不允许老年一代进行房屋反向抵押贷款时，

$$\overline{v}^0 = \frac{\beta(1+r_t)(1-\pi_t)}{\beta(r_t - r^h) + \dfrac{\gamma r^h}{\beta(1+\gamma) + \gamma\pi_{t+1}^e}} \tag{19}$$

$$\overline{g}_t^p = \frac{\delta^h + (1-v_{t-1}^{t-1})r_t + v_{t-1}^{t-1}r^h}{1-\delta^h} - \frac{v_{t-1}^{t-1}r^h}{\beta(1-\delta^h)\left[\left(\dfrac{\beta}{\gamma}+\beta\right) + \pi_{t+1}^e\right]} \tag{20}$$

当 $u_t^{t-1} = \overline{u} = \dfrac{\pi_{t+1}^e(1+r_{t+1})}{1+r^h}$ 时，即允许老年期住房反向抵押贷款的比例上限达到最大的可能值时，

$$\overline{v}^0 = \frac{\beta^2(1+\gamma)(1+r_t)(1-\pi_t)}{\beta^2(1+\gamma)(r_t - r^h) + \gamma r^h} \tag{21}$$

$$\overline{g_t^p} = \frac{\delta^h + (1 - v_{t-1}^{t-1}) r_t + v_{t-1}^{t-1}[1 - \frac{\gamma}{\beta^2(1+\gamma)}] r^h}{1 - \delta^h} \tag{22}$$

附录 4

由（3－42）式和（3－44）式可知，

$$B = \frac{[1 - \pi_t - \bar{v}(\frac{r_t - r^h}{1 + r_t})]\{(1+\beta)(1+\gamma) + (\frac{\gamma}{1-\bar{u}})[\pi_{t+1}^e - \bar{u}(\frac{1+r^h}{1+r_{t+1}})]\}}{(1+\gamma)[1 - \pi_t - \bar{v}(\frac{r_t - r^h}{1+r_t})] + \frac{\gamma\bar{v}r^h}{\beta(1+r_t)}} \tag{23}$$

$$\frac{\partial C_t}{\partial W_t^H} - \frac{\partial C_t}{\partial W_t^F} = e_H - e_F = \frac{1}{(1+\beta)(1+\gamma)}(1 - B) r_t \tag{24}$$

结合（3－53）式，$$\bar{u} = \frac{(1 - \delta^h) p_{t+1}^e}{(1 + r^h) p_t} \tag{25}$$

若要使房产的财富效应大于金融资产的财富效应，只要使 $B < 1$ 即可，将（25）式代入（23）式可知当下式成立时，$B < 1$ 。

$$\beta(1+\gamma)[1 - \frac{(1-\delta^h)p_t}{(1+r_t)p_{t-1}} - \bar{v}(\frac{r_t - r^h}{1 + r_t})] < \frac{\gamma\bar{v}r^h}{\beta(1+r_t)} \tag{26}$$

进一步化简可得：

$$\frac{p_t - p_{t-1}}{p_{t-1}} > (\frac{1}{1-\delta^h})\{\delta^h + (1 - \bar{v}) r_t + [1 - \frac{\gamma}{\beta^2(1+\gamma)}]\bar{v}r^h\} \tag{27}$$

即当房价的涨幅超过 $(\frac{1}{1-\delta^h})\{\delta^h + (1 - \bar{v}) r_t + [1 - \frac{\gamma}{\beta^2(1+\gamma)}]\bar{v}r^h\}$，就会出现房产的财富效应大于金融资产的财富效应。

附录 5

当 $\pi_{t+1}^e = \pi_t$，$r_{t+1} = r_t$ 时

$$B = \frac{[1 - \pi_t - \bar{v}(\frac{r_t - r^h}{1 + r_t})]\{(1 + \beta)(1 + \gamma) + (\frac{\gamma}{1 - \bar{u}})[\pi_t - \bar{u}(\frac{1 + r^h}{1 + r_t})]\}}{[(1 + \gamma)(1 - \pi_t) + \frac{\bar{v}}{1 + r_t}(\frac{\beta + \gamma + \beta\gamma}{\beta}r^h - r_t - \gamma r_t)]} \tag{28}$$

可得：

$$\frac{\partial e_H}{\partial (p_t/p_{t-1})} = \frac{1}{(1 + \beta)(1 + \gamma)}(\frac{1 - \delta^h}{1 + r_t})(\frac{\gamma}{1 - \bar{u}})\frac{\partial B}{\partial \pi_t} =$$

$$\frac{1}{(1 + \beta)(1 + \gamma)}(\frac{1 - \delta^h}{1 + r_t})(\frac{\gamma}{1 - \bar{u}})$$

$$\{(1 + \gamma)X^2 + \frac{2\gamma\bar{v}r^h}{\beta(1 + r_t)}X - \frac{\gamma\bar{v}r^h}{\beta(1 + r_t)}$$

$$[1 + \frac{(1 + \beta)(1 + \gamma)(1 - \bar{u})}{\gamma} - \bar{v}(\frac{r_t - r^h}{1 + r_t}) - \bar{u}(\frac{1 + r^h}{1 + r_t})]\} \tag{29}$$

其中 $X = 1 - \bar{v}(\frac{r_t - r^h}{1 + r_t}) - \pi_t \geqslant 0$，若要 $\frac{\partial e_H}{\partial (p_t/p_{t-1})} > 0$，则：

$$X > -\frac{\gamma\bar{v}r^h}{\beta(1 + r_t)(1 + \gamma)} + \frac{\gamma\bar{v}r^h}{\beta(1 + r_t)(1 + \gamma)}$$

$$\sqrt{1 + \frac{\beta(1 + \gamma)(1 + r_t)}{r\bar{v}r^h}[1 + \frac{(1 + \beta)(1 + \gamma)(1 - \bar{u})}{\gamma} - \bar{v}(\frac{r_t - r^h}{1 + r_t}) - \bar{u}(\frac{1 + r^h}{1 + r_t})]} > 0 \tag{30}$$

可得：

$$\frac{p_t - p_{t-1}}{p_{t-1}} < \frac{\delta^h + (1 - \bar{v})r_t + \bar{v}r^h(1 + \frac{\gamma}{\beta(1 + \gamma)})}{1 - \delta^h}$$

$$-\frac{\gamma\bar{v}r^h}{\beta(1 + \gamma)(1 - \delta^h)}$$

$$\sqrt{1 + \frac{\beta(1 + \gamma)(1 + r_t)}{r\bar{v}r^h}[1 + \frac{(1 + \beta)(1 + \gamma)(1 - \bar{u})}{\gamma} - \bar{v}(\frac{r_t - r^h}{1 + r_t}) - \bar{u}(\frac{1 + r^h}{1 + r_t})]} \tag{31}$$

并且当 $\frac{\partial e_H}{\partial(p_t/p_{t-1})}>0$ 时，有 $\frac{\partial}{\partial\bar{u}}[\frac{\partial e_H}{\partial(p_t/p_{t-1})}]>0$，$\frac{\partial}{\partial\bar{v}}[\frac{\partial e_H}{\partial p_t/p_{t-1}}]<0$。

附录 6

计算可得：

$$\frac{\partial B}{\partial r^h}=$$

$$-\frac{(\frac{\gamma\bar{u}\,\bar{v}^2}{1+r_t})(\beta+\gamma+\beta\gamma)\,(r^h)^2+2\beta\gamma\overline{uv}(1+\gamma)(1-\pi_t-\frac{\bar{v}r_t}{1+r_t})r^h+C}{\beta\,(1+r_t)^2(1-\bar{u})\,[(1+\gamma)(1-\pi_t)+\frac{v_{t-1}^{t-1}}{1+r_t}(\frac{\beta+\gamma+\beta\gamma}{\beta}r^h-r_t-\gamma r_t)]^2}\tag{32}$$

其中

$$C=\gamma(1+r_t)[1-\pi_t-\frac{\bar{v}r_t}{1+r_t}]\{\bar{v}(1-\bar{u})(1+\beta)(1+\gamma)+$$

$$\gamma(\pi_t-\frac{\bar{u}}{1+r_t})\bar{v}+\beta\bar{u}[(1+\gamma)(1-\pi_t)-\frac{\bar{v}}{1+r_t}(1+\gamma)r_t]\}\tag{33}$$

容易验证当 $r^h=0$ 时，

$$(\frac{\gamma\bar{u}\,\bar{v}^2}{1+r_t})(\beta+\gamma+\beta\gamma)\,(r^h)^2+2\beta\gamma\overline{uv}(1+\gamma)(1-\pi_t-\frac{\bar{v}r_t}{1+r_t})r^h+C=C$$

当 $\pi_t<1-\frac{\bar{v}r_t}{1+r_t}$ 时，即 $\frac{p_t-p_{t-1}}{p_{t-1}}<\frac{\delta^h+(1-\bar{v})r_t}{1-\delta^h}$ 时

$$\frac{\partial}{\partial r^h}\{[(\frac{\gamma\bar{u}\,\bar{v}^2}{1+r_t})(\beta+\gamma+\beta\gamma)\,(r^h)^2+2\beta\gamma\overline{uv}(1+\gamma)(1-\pi_t-\frac{\bar{v}r_t}{1+r_t})r^h+$$

$$C]\}=\frac{2\gamma\bar{u}\,\bar{v}^2}{1+r_t}(\beta+\gamma+\beta\gamma)r^h+2\beta\gamma\overline{uv}(1+\gamma)(1-\pi_t-\frac{\bar{v}r_t}{1+r_t})>0\tag{34}$$

当 $\frac{p_t - p_{t-1}}{p_{t-1}} < \frac{\delta^h + (1 - \bar{v})r_t}{1 - \delta^h}$ 时，在较为合理的参数区间范围内，可得 $C > 0$，结合以上条件，可得 $\frac{\partial B}{\partial r^h} < 0$，从而 $\frac{\partial e_H}{\partial r^h} = \frac{1}{(1+\beta)(1+\gamma)}\frac{\partial B}{\partial r^h} < 0$，$\frac{\partial e_F}{\partial r^h} = \frac{1}{(1+\beta)(1+\gamma)}(1 + r_t)\frac{\partial B}{\partial r^h} < 0$。当 $\frac{p_t - p_{t-1}}{p_{t-1}} > \frac{\delta^h + (1 - \bar{v})r_t}{1 - \delta^h}$ 时，$C < 0$，可得 $\frac{\partial B}{\partial r^h} > 0$，从而 $\frac{\partial e_H}{\partial r^h} > 0$，$\frac{\partial e_F}{\partial r^h} > 0$。

附录 7

假设 $\bar{u} = \pi^e_{t+1}\frac{1 + r_{t+1}}{1 + r^h}$，则 $B =$

$$\frac{(1+\beta)(1+\gamma)\left[1 - \pi_t - \bar{v}\left(\frac{r_t - r^h}{1 + r_t}\right)\right]}{(1+\gamma)(1-\pi_t) - \bar{v}\left(\frac{r_t - r^h}{1 + r_t}\right) + \frac{\gamma\bar{v}}{\beta(1 + r_t)}\left[(1+\beta)r^h - \beta r_t\right]},$$

可得：

$$\frac{\partial e_H}{\partial r_t} = \frac{1}{(1+\gamma)(1+\beta)}\frac{\partial B}{\partial r_t} =$$

$$\frac{(1 - \bar{v})\gamma\bar{v}r^h}{\beta(1 + r_t)^2\left\{(1+\gamma)(1-\pi_t) - \bar{v}\left(\frac{r_t - r^h}{1 + r_t}\right) + \frac{\gamma\bar{v}}{\beta(1 + r_t)}\left[(1+\beta)r^h - \beta r_t\right]\right\}^2} > 0 \tag{35}$$

$$\frac{\partial^2 e_H}{\partial(p_t/p_{t-1})\partial r_t} > 0 \tag{36}$$

$$\frac{\partial e_F}{\partial r_t} = \frac{1}{(1+\beta)(1+\gamma)}\left[(1 + r_t)\frac{\partial B}{\partial r_t} + B - 1\right] = \frac{1}{(1+\beta)(1+\gamma)}\cdot$$

$$\frac{\beta^2(1+\gamma)^2(1+r_t)^2X^2-(1-\beta)(1+\gamma)(1+r_t)\gamma\bar{v}r^hX-\frac{(\gamma\bar{v}r^h)^2}{\beta}+(1+\gamma)(1+\beta)(1-\bar{v})(1+r_t)\gamma\bar{v}r^h}{\beta(1+r_t)^2\left\{(1+\gamma)(1-\pi_t)-\bar{v}\left(\frac{r_t-r_h}{1+r_t}\right)+\frac{\gamma\bar{v}}{\beta(1+r_t)}[(1+\beta)r^h-\beta r_t]\right\}^2} \tag{37}$$

其中 $X=1-\pi_t-\bar{v}\left(\frac{r_t-r_h}{1+r_t}\right)\geqslant 0$。可得：

$$\frac{\partial e_F}{\partial r_t}\begin{cases}>0,\ X>\frac{\gamma\bar{v}r^h}{2\beta^2(1+\gamma)(1+r_t)}\left[1-\beta+\right.\\ \left.(1+\beta)\sqrt{1-\frac{4\beta^2(1+\gamma)(1-\bar{v})(1+r_t)}{(1+\beta)\gamma\bar{v}r^h}}\right]\\ \leqslant 0,\ \text{Otherwise}\end{cases} \tag{38}$$

即：

$$\frac{\partial e_F}{\partial r_t}\begin{cases}>0,\ \frac{p_t-p_{t-1}}{p_{t-1}}<\frac{\delta^h+(1-\bar{v})r_t+\bar{v}r^h}{1-\delta^h}-\frac{\gamma\bar{v}r^h}{2\beta^2(1+\gamma)(1-\delta^h)}\cdot\\ \left[1-\beta+(1+\beta)\sqrt{1-\frac{4\beta^2(1+\gamma)(1-\bar{v})(1+r_t)}{(1+\beta)\gamma\bar{v}r^h}}\right]\\ \leqslant 0,\quad \text{Otherwise}\end{cases} \tag{39}$$

$$\frac{\partial(e_F-e_H)}{\partial\ r_t}=\frac{1}{(1+\beta)(1+\gamma)}\left[r_t\frac{\partial B}{\partial r_t}+B-1\right]=\frac{1}{(1+\beta)(1+\gamma)}\cdot$$

$$\frac{\beta^2(1+\gamma)^2(1+r_t)^2X^2-(1-\beta)(1+\gamma)(1+r_t)\gamma\bar{v}r^hX-\frac{(\gamma\bar{v}r^h)^2}{\beta}+(1+\gamma)(1+\beta)(1-\bar{v})r_t\gamma\bar{v}r^h}{\beta(1+r_t)^2\left\{(1+\gamma)(1-\pi_t)-\bar{v}\left(\frac{r_t-r^h}{1+r_t}\right)+\frac{\gamma\bar{v}}{\beta(1+r_t)}[(1+\beta)r^h-\beta r_t]\right\}^2} \tag{40}$$

可得：

$$\frac{\partial(e_F - e_H)}{\partial r_t}\begin{cases} > 0, \dfrac{p_t - p_{t-1}}{p_{t-1}} < \dfrac{\delta^h + (1-\bar{v})r_t + \bar{v}r^h}{1-\delta^h} - \dfrac{\gamma\bar{v}r^h}{2\beta^2(1+\gamma)(1-\delta^h)} \cdot \\ \left[1-\beta+(1+\beta)\sqrt{1-\dfrac{4\beta^2(1+\gamma)r_t(1-\bar{v})}{(1+\beta)\gamma\bar{v}r^h}}\right] \\ \leqslant 0, \text{ Otherwise} \end{cases} \tag{40}$$

附录 8

附表 1　资产财富效应存在性检验，被解释变量为食品消费

模型（1）	被解释变量：食品消费	
	CFPS	HFCS
常数	4.248*** (0.1973)	4.784*** (0.0752)
ln（家庭收入）	0.247*** (0.0219)	0.204*** (0.0089)
ln（金融资产）	0.021** (0.0094)	0.015*** (0.0028)
ln（房屋资产）	0.146*** (0.0135)	0.097*** (0.0058)
ln（其他资产）	0.006 (0.0044)	0.016*** (0.0031)
家庭人口数	0.016 (0.0134)	0.100*** (0.0042)
户主年龄	0.002* (0.0011)	0.002*** (0.0003)
户主受教育水平为初中	0.075* (0.0424)	0.125*** (0.0189)
户主受教育水平为高中	0.142*** (0.0444)	0.088*** (0.0142)

续表

模型（1）	被解释变量：食品消费	
	CFPS	HFCS
户主受教育水平为大学及上	0.187*** (0.0454)	0.166*** (0.0157)
户主性别［女性为1］	0.038 (0.0304)	-0.047*** (0.0091)
户主婚姻状况［非在婚为1］	-0.113** (0.0492)	-0.109*** (0.0113)
Valid N	2367	15727
R^2	0.2971	0.3259
MAX VIF	1.98	2.12

注：（1）***、**和*分别表示1%、5%和10%的显著水平，括号中的数字是稳健标准误。

附录9

附表2　房产财富效应差异性检验结果

	被解释变量：非耐用消费品消费					
	模型（2）		模型（3）		模型（4）	模型（5）
	CFPS	HFCS	CFPS	HFCS	CFPS	CFPS
家庭人口数	0.052*** (0.0108)	0.072*** (0.0053)	0.047*** 0.0107)	0.082*** (0.0055)	0.045*** (0.0107)	0.050*** (0.0109)
户主受教育水平为初中	0.090** (0.0363)	0.073*** (0.0178)	0.094*** (0.0363)	0.082*** (0.0179)	0.098*** (0.0364)	0.077** (0.0360)
户主受教育水平为高中	0.210*** (0.0397)	0.131*** (0.0157)	0.213*** (0.0402)	0.111*** (0.0161)	0.209*** (0.0400)	0.195*** (0.0398)
户主受教育水平为大学及上	0.338*** (0.0426)	0.228*** (0.0167)	0.354*** (0.0438)	0.223*** (0.0171)	0.359*** (0.0438)	0.332*** (0.0437)
户主性别［女性为1］	0.017 (0.0264)	0.022* (0.0118)	0.019 (0.0263)	0.009 (0.0119)	0.012 (0.0159)	0.010 (0.0265)

续表

	被解释变量：非耐用消费品消费					
	模型（2）		模型（3）		模型（4）	模型（5）
	CFPS	HFCS	CFPS	HFCS	CFPS	CFPS
户主婚姻状况 [非在婚为1]	-0.079* (0.0456)	-0.102*** (0.0137)	-0.077* (0.0457)	-0.111*** (0.0138)	-0.074 (0.0459)	-0.081* (0.0462)

注：(1) ***、**和*分别表示1%、5%和10%的显著水平，括号中的数字是稳健标准误，此表为表4-6的续表。

后 记

本书是在我博士论文的基础上修订而成。在书稿即将付梓之际，回望在北师大度过的五年，不禁感触良多。从硕士阶段大运村的集体宿舍，到师大学四的博士生公寓；从主楼的旧图书馆，到后主楼的新图书馆。是师大给了我良好的学习环境，让我在离家千里之外，也能感到家的温暖。

在那段忙碌而充实的日子里，感谢所有陪伴我一起走过的家人、老师和同学们。首先我要感谢我的导师杨澄宇教授，能在杨老师的门下求学是我一生的荣幸！杨老师为人谦和、待人友善、学术功底扎实，不仅有着严谨求真的治学精神，还有着谦虚宽厚的为人态度。杨老师学贯中西，在美国有多年的学习、研究和教学经历，感谢您教会我最新的经济学分析方法和研究范式，使我在未来能够独立完成自己的研究工作。“近朱者赤”，再次感谢杨老师在治学和为人方面给予我潜移默化的作用，这会让我终身受益。

感谢杨老师组建的学术研究团队成员，每周一次的学术讨论，开阔了我的研究思路，这为我论文的选题、内容的完善都起到了至关重要的作用。感谢讨论组的核心成员袁强副教授，是袁老师的启发和指导，使我在学术道路上加快了步伐。感谢参加过讨论和在论文的完成过程中给予我帮助的老师们，他们是：李实教授、贺力平教授、沈越教授、罗楚亮教授和徐建炜副教授。另外，也特别感谢北京大学经济学院的崔晓勇老师，崔老师一直鼓励我在学术道路上坚定地走下去，并在学习和生活上给予我极大的关心和帮助。

感谢2012级博士班的同学们，在我攻读博士阶段给予班级活动和我个人的大力支持，感谢你们丰富了我的博士生活，这段丰富多彩的日子，我会在记忆中珍藏。在那段求学经历中，我感到处处都能得到无私的支持和帮助，在我度过时光最多的地方——师大图书馆，管理员老师成了我要好的朋友，感谢您们送给我“忠实读者”的称谓，给予我“免检”的待遇。我记得每天晚上图书馆闭馆后转战去的教二楼，感谢楼管大叔在我要“加班”的时候，给予我自由裁量的时间，下雨时递给我的雨伞。我也记得在最初的两年，每天晚自习结束后，都要坐公交车回大运村宿舍，感谢司机师傅因为我的“迟到”，在站台为我多停留的那10秒，因为我们彼此都知道，那是回宿舍的最后一趟车。

在博士毕业进入中国证监会博士后工作站之后，在导师张平研究员的精心指导下，我对中国经济有了更加深刻的理解。张老师对很多经济问题有着非常深刻和独到的见解，与他交流真是一种享受，使我可以将之前很多零散的知识串成一个整体，让我印象深刻。我经常在读他五年甚至十年前的文章时，深深地感受到张老师对很多中国经济问题具有非常的先见之明。我相信这没有多年的研究积累和超越常人的洞察力是不可能做到的！

我还要感谢现在的领导和同事们，在我进入中国社会科学院经济研究所后不久，恰逢经济所九秩华诞，能在这样一个具有深厚历史积淀、著名经济学家辈出的高端研究机构工作是我的荣幸，使我时常感到有一股无形的力量在鞭策和激励着我。在经济所工作的这段时间里，我得到了领导和同事们很多无私的帮助，能与您们一起合作共事使我身心愉悦。感谢郭冠清研究员在本书出版过程中给予我的大力帮助和支持。

最后要感谢我的家人，父母给予我的不仅是生命，最重要的是通过言传身教赐予我不畏艰难的精神力量。在每当遇到困难和挑战时，想到他们曾经走过的人身历程，使我充满了力量。我时常挂念家乡年迈的父母，有时也会潸然泪下，感谢哥哥和姐姐们在家对父母悉心的照料，免去我的后顾之忧。我也非常感谢我的爱人汪芬芳女士，感谢你挑起生活的重担，为我做出孝敬父母、乐于助人、爱岗敬业的榜样，为我展现出中国女性传统美德的力量。所以，我一直怀着一颗感恩的心，努力做好自己的工作，绝不轻言放弃！我也准备将这颗爱心永远永远地传递下去！

本书是我数年刻苦钻研的结晶，但由于本人水平有限，书中肯定还有许多不足和尚需改进之处，恳请读者提出宝贵意见，以便继续修改完善。

杨耀武

2019 年 8 月